Atravessando o deserto emocional

Thais Basile

Atravessando o deserto emocional

Os impactos de fazer parte de uma família emocionalmente adoecida

PAIDÓS

Copyright © Thais Basile, 2024
Copyright © Editora Planeta do Brasil, 2024
Todos os direitos reservados.

Preparação: Marina Castro
Revisão: Fernanda Guerriero Antunes e Ana Laura Valério
Projeto gráfico: Anna Yue
Diagramação: Anna Yue e Francisco Lavorini
Capa: Fabio Oliveira
Imagem de capa: Andrew Paterson / Alamy / Fotoarena

Dados Internacionais de Catalogação na Publicação (CIP)
Angélica Ilacqua CRB-8/7057

Basile, Thais
 Atravessando o deserto emocional : os impactos de fazer parte de uma família emocionalmente adoecida / Thais Basile. - São Paulo : Planeta do Brasil, 2024.
 256 p.

 Bibliografia
 ISBN 978-85-422-2630-0

 1. Psicanálise 2. Emoções 3. Conflito interpessoal 4. Família - Conflitos I. Título

24-0445   CDD 150.195

Índice para catálogo sistemático:
1. Psicanálise

Ao escolher este livro, você está apoiando o manejo responsável das florestas do mundo.

2024
Todos os direitos desta edição reservados à
EDITORA PLANETA DO BRASIL LTDA.
Rua Bela Cintra, 986, 4º andar – Consolação
São Paulo – SP – CEP 01415-002
www.planetadelivros.com.br
faleconosco@editoraplaneta.com.br

Para Lorena,

Que me motiva a reconhecer e deixar cair minhas máscaras;
Que me dá oportunidade de olhar para meu vazio e me inspira a buscar um contorno;
Que me coloca diante de minhas contradições;
Que me faz ampliar o entendimento do que é o amor;
Que me ajuda a aprender tudo aquilo que, por fim, ensino.

A quem eu sei que vou decepcionar, como já decepcionei;
Com quem quero me surpreender, como já me surpreendi;
Para quem desejo e tento criar um mundo mais acolhedor;
Para quem sempre quero ter um colo, um afago e um bom silêncio;
A quem quero prometer desejo infinito de começar de novo.

Obrigada por ser minha filha, e mais ainda por ser mais sua do que minha.

Sumário

Apresentação, *por Ariella Wanner*   11

Prefácio, *por Elisama Santos*   13

Introdução: Resquícios e relíquias da família em mim   17

1
A idealização da família margarina   25

Família como lugar sagrado   27

O cuidar no contexto de um mundo dividido   32

A filha como continuação da mãe, o desamparo da menina   43

A barganha de personalidade e o paradigma do filho devedor   59

O silêncio sempre foi o esperado   64

2
O início de nós   71

Do que precisamos quando começamos a existir   72

O dilema do porco-espinho: entre a necessidade da proximidade e o perigo do vínculo   90

Famílias com dinâmica mais para o lado saudável   93

Tipos de conexão e medo da conexão   101

3
As modalidades de negligência e violência da família   111

O que é realmente a violência familiar?   112

A criança parentalizada e a busca da felicidade para os pais como consequência do desamparo   116

Dinâmicas adoecidas   121

O dilema transgeracional   142

4
Crescendo e atuando o que viveu   147

A crise: os sintomas que nos fazem olhar para nós   148

Mecanismos de autoproteção   152

Como nos protegemos da dor no início   164

O espelhamento da realidade emocional na relação romântica   170

O automático que aparece nas relações de hierarquia   180

Virei mãe, virei pai: projeções e transferências na criança   184

Ganhos em permanecer no sofrimento   189

5

Novas relações e novas fronteiras   195

Novas maneiras de se relacionar e um eu mais autêntico   196

O cuidado de si que era voltado aos outros   212

O poder de se unir em prol de algo   219

6

O corte do cordão umbilical emocional   223

O tabu dos limites e do afastamento da própria família   224

Culpa e perdão: desconstruindo afetos manipulados   229

O desenlace é uma oportunidade de recomeço   239

Uma mensagem final   243

Referências   245

Apresentação

Talvez você, assim como eu, esteja atravessando seu deserto emocional procurando avidamente um ponto estável para tomar fôlego.

Talvez o cansaço e a solidão sejam suas únicas companhias nessa travessia, o que faz você se perguntar vez ou outra se está andando em círculos, ou se um dia esse deserto chegará a algum lugar.

Então, Thais Basile vem e, com esta obra, nos oferece algo extremamente raro: apoio.

Ela nos envolve num mergulho interno, que propicia olharmos – talvez pela primeira vez por um ângulo verdadeiramente profundo – para nossos machucados com a lucidez e a coerência de quem entende não só onde dói, mas também qual é a raiz dessa dor.

E veja que aqui está a beleza de *Atravessando o deserto emocional*: a partir da compreensão dessas raízes, podemos finalmente fazer as pazes com nós mesmos e cuidar das nossas feridas para que tenham chance de cicatrizar.

Porém, claramente, este livro não tem a pretensão de tornar esse processo necessariamente leve e fácil, e sim simplesmente possível; trazendo à consciência partes adormecidas de nós mesmos, nomeando e iluminando experiências invisibilizadas pelas quais passamos e forjaram quem somos.

Sinto que as palavras de Thais colocaram meus pensamentos e meu coração no lugar certo, e espero que você também sinta essa experiência emancipatória – não que isso signifique viver uma vida de conto de fadas, mas que você consiga abraçar a própria humanidade que, em sua essência, é tão poética quanto dramática, com oscilações e ambivalências que nos fazem de fato humanos.

Ariella Wanner
Pedagoga com formação na abordagem cognitivo-comportamental na infância e adolescência. Idealizadora do Caminho do Meio, um projeto de cursos e consultoria voltado à orientação para pais.

Prefácio

A infância não passa. Seguimos, independentemente da nossa idade cronológica, guardando em nós os reflexos da criança que fomos, das palavras que ouvimos, da forma como fomos cuidados. Não há atalho que desvie das consequências dos nossos primeiros anos de vida. Acontece que essa constatação guarda em si algumas ciladas.

A primeira delas é a crença equivocada de que as nossas vivências infantis determinam o nosso destino. Influenciar é uma coisa, determinar é outra inteiramente diferente. Há quem se esqueça da imensa potência humana, da maravilhosa capacidade de mudar, transformar, aprender. bell hooks afirma que precisamos assumir a responsabilidade de decidir o que faremos com o que fizeram de nós. Sankofa, um adinkra africano simbolizado por um pássaro que anda para a frente, mas olha para trás, nos convida a nomear os erros do futuro para que não sejam repetidos. Olhar para trás, seguir em frente. Que desafio: enxergar a dor e senti-la, sem se perder nela.

A segunda cilada é reduzir a responsabilidade do cuidado com a psique infantil aos seus cuidadores, sobretudo às mães. Uma lógica sofista de que se as crianças são marcadas pelo cuidado, há que se cobrar do cuidador uma melhor relação, o que, consequentemente, muda a maneira como essa criança se relaciona consigo, com o outro e com o mundo. Uma solução simples para um problema complexo. Quem ampara a mãe em sua responsabilidade para com a criança? Como essa mãe, socialmente oprimida e sufocada, mantém a capacidade emocional de ser porto seguro? E, mesmo que milagrosamente consiga, como podemos afirmar que a sua influência será a única a deixar marcas?

Em *Atravessando o deserto emocional*, Thais Basile convida para um olhar profundo para as nossas infâncias e famílias, nomeando dinâmicas adoecidas, expondo a poeira por anos acumulada e escondida sob os tapetes. Um convite a desnaturalizar comportamentos nocivos e que, de tão comuns, se misturaram ao cuidado e ganharam o nome de amor. Uma leitura que escancara dores profundas, mas que nos lembra de que não nos reduzimos a ela. Não somos a dor. Podemos mais quando a enxergamos e seguimos em frente. Um livro que, apesar de refletir sobre os reflexos individuais da educação que recebemos, não se perde no discurso neoliberal de pôr no indivíduo responsabilidades que são coletivas. As mazelas sociais espalham sua sujeira nas famílias, contaminam os espaços, e não há cuidado mental que desconsidere o contexto em que vivemos.

Não leia as páginas seguintes com pressa, deixe que cada constatação se acomode em sua história. E isso pede tempo.

Que você consiga enxergar os desertos emocionais pelos quais passou e reconheça a força de ter sobrevivido a eles.

Que belos jardins de pertencimento, amparo e acolhimento te aguardem logo ali.

Boa leitura!

Um abraço,

Elisama Santos
Escritora best-seller, comunicadora, psicanalista e especialista em saúde mental.

Introdução

Resquícios e relíquias da família em mim

Quando recebi o convite para escrever este livro, o primeiro pensamento que surgiu na minha mente, antes mesmo das dúvidas que normalmente apareceriam, antes também da comemoração pela boa notícia, foi uma autocrítica.

Afirmei mentalmente que "eu não sou percebida como uma profissional séria, não sou digna de escrever um livro dessa magnitude". E conheço bem o motivo pelo qual esse pensamento me cortou mais fundo que uma faca: tenho pouco menos que três anos de clínica e tomei a decisão de democratizar meus estudos e descobertas analíticas nas redes sociais em vez de usar o espaço acadêmico. O senso comum, no entanto, considera essas redes fúteis e superficiais.

Assim como conheço meus medos e minha crítica interna feroz, também reconheço minhas motivações. Aprendi por experiência própria que informação e acolhimento podem vir na forma de livros, filmes, artigos, músicas, pinturas e todo tipo de expressão humana, então por que não em *posts*, vídeos e *stories*? Tantas vezes fui mais compreendida pela arte do que pelas relações com outras pessoas! Minha vontade de democratizar o que eu aprendia ao pesquisar e vivenciar formas menos autoritárias de me relacionar com minha filha – e, consequentemente, comigo mesma – e meu desejo de dividir clareza e compreensão sobre como a infância tem influência em tudo isso só não eram maiores do que a minha vontade de ser uma mãe presente e atenta. Nunca tive certeza de que escolher as redes seria o melhor caminho, mas precisei fazer uma escolha, e toda escolha implica uma perda.

Lembro que por muitos anos, na infância, fui considerada a aluna ideal, aquela *nerd* que era a escolhida pela professora para copiar a aula toda para os alunos que faltavam, a que seguia todas as regras e pouco as questionava. É duro e angustiante se mover para além dos lugares que conhecemos, dar um passo no escuro e largar mão dos papéis que interpretamos, porque nos apegamos ao conhecido como a uma boia salva-vidas. *O conhecimento do mundo é mais vasto do que o da quinta série*, penso. Talvez faça mesmo parte do jogo eu ainda não ter publicado tudo que quero e não ter conquistado os títulos que me garantiriam algum reconhecimento acadêmico.

Até lá, consigo ficar bem – e até publicar um livro minimamente bom – sem precisar ser vista como "a melhor do meu meio", digo a mim mesma. Eu não sou mais aquela criança que precisou se agarrar tanto a esse pequeno reconhecimento, ainda que carregue seus medos aqui dentro.

Fui uma criança do estilo "boazinha": bastante inteligente, mas também bastante invisível e, como vim a entender depois, hiper-responsabilizada pelo bem-estar da família, sem que ninguém nunca tivesse dado nome a esse papel que eu tão bem desempenhava. Lembro de ser chamada de "madura para a minha idade" em todas as idades, desde que minha irmã mais nova faleceu. Deveria ser um elogio, não?

Eu não entendia o motivo de me sentir ansiosa e de as minhas palmas ficarem tão suadas a ponto de eu não conseguir dar as mãos para ninguém. Era exatamente assim que eu me sentia: isolada do mundo. Meus pais constantemente me diziam que eu estava exagerando e apenas sendo dramática.

Corta para muitos anos depois, quando engravidei e ganhei minha filha, mas ganhei também um transtorno incapacitante. O transtorno obsessivo-compulsivo (TOC) basicamente me obrigou a olhar para minha própria história familiar e infantil: eu estava começando a pagar com juros altos o preço de uma infância hiperadequada e desconectada de mim.

Junto à vivência do TOC – que é bem mais terrível e bem menos engraçadinho do que vemos retratado em filmes e séries –, eu comecei a utilizar violência verbal e física com minha filha, sem sequer acreditar que violência pudesse ensinar algo a ela. Apesar da culpa e da vergonha, eu tinha um desejo enorme de entender o que tinha acontecido comigo e de fazer diferente com minha filha. Decidi estudar sobre educação e fazer análise, e aos poucos fui entendendo as maneiras como minha própria infância estava sendo revivida na minha experiência como mãe.

Para além da exploração analítica, eu não tinha tido, até então, acesso a nenhum material que falasse sobre ambientes invalidantes e relações familiares adoecidas e adoecedoras. Depois entendi que o mito da família perfeita e a idealização social que recai sobre a instituição familiar não permitem que esse assunto seja explorado abertamente pelas pessoas. Grande parte do meu interesse pela educação consciente e pela psicanálise veio desse desejo de dar sentido ao que tinha acontecido comigo. Escrever este livro provavelmente continua sendo parte dessa busca de sentido.

Quando uso o termo "adoecimento" para descrever as dinâmicas familiares, adversas ou com potencial de ferir gravemente os integrantes mais vulneráveis da família, tenho ciência de que ele pode soar biologizante ou moralizador, porque o que é adoecido para um pode não ser para o outro, e, em última instância, o conceito de doença varia conforme o tempo e a cultura. Mesmo assim, mantenho a palavra porque entendo ser uma forma bastante clara de contextualizar o esvaziamento dos afetos construtivos dentro do grupo familiar, afetos que precisam existir para que os mais vulneráveis atinjam boa parte do seu potencial de autenticidade e autoestima.

Considero o adoecimento um dos grandes sinais – que vamos discutir ao longo do livro – de que os adultos daquele grupo estão ou foram bastante inconscientes de sua atuação danosa perante os mais vulneráveis, e de que, de alguma maneira, não conseguiram prover para eles aquilo que não tiveram em seu próprio ambiente familiar e cultural, muitas vezes não tendo internalizado um amor construtivo. As adversidades, somadas à falta de recursos internos desses adultos, trazem grande dificuldade de se escutar, se enxergar, se sentir, motivo pelo qual eles não conseguem escutar, enxergar e sentir os que deles dependem.

Para que a família adoecida possa se recuperar, é imprescindível que os adultos daquele grupo desenvolvam a capacidade e o desejo de perceber e nomear o que estão vivendo e o que viveram de danoso em suas próprias histórias infantis, para assim poderem se responsabilizar por fazer novas escolhas no momento presente. Infelizmente, porém, o que mais existe são famílias em estado terminal que não buscam ajuda porque entendem que aquela maneira de viver, de se relacionar, é a "normal", já que a sociedade confirma essa ideia.

Nós, seres humanos, não conseguimos sobreviver sem sermos devidamente cuidados por alguém que tem uma preocupação inicial conosco e alguma devoção, como outros mamíferos recém-nascidos conseguem. Nenhum ser humano começa sua história sabendo que nasceu, percebendo a si mesmo como parte de um grupo, podendo andar, se comunicar via linguagem oral e obter seu próprio alimento. Muito de quem somos é causa e efeito dos cuidados que recebemos. Nosso cérebro é um "órgão social", que precisa do investimento e do afeto de outras pessoas para chegar a etapas posteriores de desenvolvimento, quando podemos nos sentir inteiros e desejar a continuidade da nossa vida, criatividade e confiança. Ou seja, precisamos uns dos outros para não viver vagando por um imenso *deserto emocional*.

Para além de sermos resultados do cuidado, somos também efeito dessa mesma linguagem que ainda não temos ao nascer: antes de existirmos, já existíamos nas palavras, ideias, imagens e expectativas daqueles cuidadores, daquela família, pois fomos falados antes de falar. Nesse sentido, nossa concepção simbólica, ou seja, a ideia que nossos cuidadores fazem de nós, é anterior à nossa concepção física, como lindamente pontua Donald W. Winnicott, psicanalista inglês que criou a teoria do amadurecimento pessoal. A formação do nosso psiquismo e o modo como serão tecidas nossas relações e visão de nós e do mundo dependem em grande parte desses primeiros cuidados e dessa linguagem, que em última instância são produtos da nossa cultura.

Aqui cabe dizer que considero família o grupo de pessoas a quem estamos para sempre atrelados, concreta ou simbolicamente, que vai nos gerar (e no qual nós também geraremos) sentimentos ambivalentes e difíceis, porque é ali que vamos nos dar conta do outro, da alteridade, é ali que teremos que aprender a lidar com diferenças, já que família "de berço" não se escolhe, e esses laços não são formados por afinidade ou livre-arbítrio.

E é verdade que nem sempre as dificuldades nesse percurso serão sinais de adoecimento do sistema familiar, mas também é verdade que ninguém está completamente livre desse adoecimento, porque estamos inseridos numa cultura que o produz. Não existe garantia de que não vamos crescer e reproduzir em nós e em nossas relações familiares mecanismos de defesa danosos, silenciamento, estereótipos sociais moralistas e enlatados, abuso ou negligência severa. Essas dinâmicas têm um potencial adoecedor para as relações e podem causar danos gritantes nos integrantes do grupo familiar.

Acontece que existem grupos e pessoas que têm mais permissão social para praticar determinados danos. Infelizmente, a família é um grupo que tem toda a permissão social para abusar da autoridade e do poder diante das pessoas mais vulneráveis do grupo e chamar isso de amor, cuidado, disciplina ou educação. Muitas pessoas que atendi e com as quais conversei ao longo de vários anos sobreviveram fisicamente à sua infância, mas por dentro se sentem mortas, sem esperança, sem criatividade, sem espontaneidade e sem confiança em si e nos outros, paralisadas no deserto da própria existência, sem conseguir enfrentar os desafios da vida. E não encontram ressonância desse quadro em nenhum lugar: é quase socialmente proibido falar da família que machuca, que prejudica todos os dias seus membros mais frágeis.

É preciso ter em mente que nossa comunidade se apoia grandemente em dogmas religiosos, e o quinto mandamento, que nos ordena a "honrar pai e mãe",* tem peso grande em manter intactas as figuras de poder primária (pai) e secundária (mãe) na família, sob o manto de uma suposta dívida que os filhos teriam pelo privilégio da vida.

O pátrio poder já não vale mais como lei, mas ainda vivemos sob um regime patriarcal. A narrativa de como educar filhos, com quais métodos e para quais objetivos, é criada e mantida pelas pessoas que detêm o poder: homens brancos, que atuam dentro de organizações, instituições, e impõem tais ideais por meio de leis, livros, dogmas, filmes, novelas, músicas, tradições. Mesmo em famílias com formatos diversos, muitas vezes os objetivos patriarcais de controle continuam sendo cumpridos por pessoas que nem sequer se beneficiam ou têm consciência disso. A violência e a dessensibilização que a família tem permissão para praticar com seus membros, estimulada pela repetição do que os mais velhos viveram, ou seja, por suas subjetividades atravessadas pelas problemáticas patriarcais-capitalistas, são grandes sustentáculos que mantêm a sociedade andando em círculos, a fim de sustentar o privilégio de alguns.

---

* "Honra teu pai e tua mãe, para que se prolonguem os teus dias na terra que o Senhor, teu Deus, te dá" (Êxodo 20:12). A ideia por trás do mandamento é a de que devemos honrar pai e mãe porque eles nos dão a vida e nos transmitem o conhecimento de Deus.

É verdade que somente a mudança na consciência das famílias não teria o poder de mudar totalmente nosso adoecimento como sociedade, porque várias outras instituições atuam para que tudo se mantenha como está. Também é verdade que a família não só é alimentada por essa cultura, mas também a alimenta, criando e adequando seus membros atuantes.

Neste livro, pretendo trazer luz às diversas formas como as famílias podem estar produzindo e reproduzindo danos sérios em seu sistema, sustentadas pela lógica de que adultos e cuidadores sempre sabem o que é melhor para suas crianças e adolescentes, e atuam com seus melhores interesses em vista, bem como pela ideia de que o amor construtivo e o afeto estão sempre presentes e, em especial para as mulheres, são "instintivos", o que sabemos não ser necessariamente verdade. Também pretendo abordar algumas das consequências que permanecem nos adultos que sobreviveram às suas infâncias, muitas vezes aos trancos e barrancos, assim como ampliar o olhar sobre nossa responsabilidade de fazer algo a respeito disso, para que possamos viver com mais integridade.

É preciso nomear as violências estruturais e dificuldades subjetivas que podem se entrelaçar numa constante de comportamentos automáticos e potencialmente perigosos dentro do círculo familiar. Quando nomeamos as questões que não tinham nome, nos damos a chance de manejá-las melhor e de engendrar relações mais autênticas, vivas e verdadeiras, produzidas por pessoas mais inteiras. Todos nós dependemos de relações saudáveis e de amores construtivos, pois eles são os fios que tecem nossa vida no tempo. No fim (e no começo), é sempre sobre nós.

1

A idealização da família margarina

> Poeta, por que chora?
>
> Que triste melancolia.
>
> É que minh'alma ignora
>
> O esplendor da alegria.
>
> Este sorriso que em mim emana,
>
> A minha própria alma engana.
>
> *

Poeta, fita o espaço
E deixa de meditar.
É que... eu quero um abraço
E você persiste em negar.

Poeta, está triste eu vejo
Por que cisma tanto assim?
Queria apenas um beijo
Não deu, não gosta de mim.

Poeta!
Não queixas suas aflições
Aos que vivem em ricas vivendas
Não lhe darão atenções
Sofrimentos, para eles, são lendas.

Carolina Maria de Jesus

Família como lugar sagrado

Quase sempre é agridoce falar em infância, porque ela costuma estar atrelada a pessoas que chamamos de família. E, quando falamos de família, necessariamente estamos falando de cuidado, ou da falta dele. Por conta do meu ofício, tenho acesso à história familiar de milhares de pessoas adultas, a maioria mulheres. Muitas acreditam que o caos, os gritos, as agressões físicas, a invalidação, o descrédito, as ofensas, as ameaças, as adicções, a negação, a negligência ou o abuso só aconteceram em suas próprias famílias. Elas se sentem solitárias quanto ao rastro de culpa, impotência e insegurança que a infância deixou nelas. Muitas só gostariam que essas emoções conflituosas desaparecessem.

    Todos queremos nos sentir pertencentes e ter uma história bonita para contar a nosso respeito. Por isso, em alguma medida, todos internalizamos o ideal de família de comercial de margarina, e muitos de nós fazem de tudo para manter essa fantasia intacta. Desejamos que nossa família seja vista somente como boa e saudável, porque nossa própria identidade está atrelada a isso. Pode ser muito difícil lembrar, reconhecer e nomear o que aconteceu quando éramos crianças com um olhar mais amadurecido e menos floreado, porque a romantização das relações familiares é o caminho mais aceito socialmente. Uma forma bastante eficaz de manter essa romantização de pé é recalcar ou cindir

– "esquecer", sem esquecer de fato, relegando ao inconsciente – tudo que nos feriu.

Em última instância, ninguém quer ser a pessoa que nomeia os problemas familiares, descumpre a lealdade, sai da norma, faz o contrário do esperado, quebra o silêncio e acusa a realidade que viveu, porque sabe-se bem o que pode vir a partir disso: invalidação, julgamento, rejeição, angústia, abandono. Além disso, quem ousa trazer à tona esses problemas tem que se responsabilizar pela própria história e trabalhar duro para não repetir cegamente o que viveu e para lidar com os sintomas decorrentes disso. Normalmente vem junto uma tonelada de culpa e de dúvida: "Será que não estou exagerando?", "Será que o que aconteceu é mesmo um problema?", "Estou sendo ingrata?".

Assumir que, para além das coisas boas, dos momentos alegres e dos conflitos normais, a família viveu questões problemáticas e adoecedoras é também assumir que o amor ali não foi construtivo o suficiente e que o desamparo existiu. E como é difícil nos havermos com nosso desamparo!

Quando não conseguimos tirar nossa família do pedestal e vê-la com olhos mais humanizados, reconhecendo seus problemas, é comum que continuemos repassando as questões que ficaram acobertadas para as relações que temos no presente, e isso reverbera inclusive no nosso autocuidado, por meio da introjeção dos padrões aprendidos e da repetição transgeracional traumática. Saímos da infância, mas a infância não sai de nós: deixamos a casa dos pais fisicamente, mas, do ponto de vista psíquico, ainda podemos estar morando lá, reatuando tudo que sentimos e internalizamos nos tempos primórdios da nossa existência. A herança transgeracional é parte fundamental do psiquismo de todos nós, porque não estamos soltos no tempo, somos seres de contexto e história. É a família que repassa o legado do ódio e do medo não ditos, pois esses afetos quase sempre não são permitidos na vida cotidiana; porém, eles não evaporam, são reprimidos e reaparecem na forma de sintomas repassados através das gerações.

Para que os não ditos não venham à tona, a família nos incute a ideia de que o amor é apenas um sentimento, que não tem relação com ações. Por causa disso, muitos de nós fomos submetidos, e infelizmente continuamos nos submetendo, a situações que, se ocorressem entre amigos ou namorados, seriam pontuadas socialmente como abusivas ou tóxicas, mas que, como acontecem dentro da sagrada instituição da família, não nos permitimos ver assim. Aceitamos passar por isso porque entendemos que, se o outro diz que ama, "tá amado", mesmo que muitas ações digam o contrário. E, ao nos submetermos, queremos submeter os outros. Que atire a primeira pedra quem nunca silenciou, mesmo sem perceber, alguém que trouxe problemas familiares sérios à conversa, dizendo algo como: "Mas é sua mãe, você precisa entender", "Seu pai não fez por mal", ou "Eles te amam, só querem seu bem".

A narrativa de que a família sempre sabe o que é bom para a prole, de que suas dinâmicas são sempre saudáveis e de que pais são heróis cujas intenções sempre são boas faz com que comportamentos prejudiciais sejam justificados e até incentivados. Se "família é tudo", o que fazem as pessoas que não encontram reciprocidade, afeto e apoio dentro dela?

No que diz respeito à dinâmica familiar, existem grandes forças atuando para que as pessoas, mesmo depois de adultas, se adéquem, se calem, guardem para si o que se tornam segredos cheios de culpa, fazendo um esforço enorme para que esse recalque não venha à tona, ou para que ninguém descubra suas angústias e sintomas, que acreditam ser "defeitos de fábrica". Muitos passam a vida inteira acreditando que eles mesmos eram o grande problema, que são "quebrados" por não se adequarem, por não caberem naquele grupo que só queria seu bem, se culpando por terem "nascido tão errados".

Muitas pessoas ainda permanecem em lealdade, identificação – quando se veem neles – ou fusão adoecida com os pais, justificando seus atos, protegendo-os ou colocando-os em pedestais – que são mais como um altar de dores não ditas –, sem conseguir nomear o que realmente viveram, porque teriam muita dificuldade em ser percebidas como rebeldes, ingratas, egoístas, mentirosas. Se o fizessem, teriam que sentir culpa, revirar sua estrutura psíquica, questionar a própria imagem e identidade, aceitar a responsabilidade de construir algo que sirva mais a si do que à família, lidar com a vulnerabilidade e se implicar em construir formas mais saudáveis de amar.

Muitos filhos, numa atitude de aparente compaixão – mas que em última instância é apenas um mecanismo defensivo –, têm muito mais tolerância com as ações violentas e negligentes dos pais do que os pais tiveram com eles na infância, quando comportamentos normais para seu nível de desenvolvimento foram tratados como "crimes terríveis". Vários justificam os atos de violência que sofreram dos cuidadores e os isentam de responsabilidade em virtude da infância difícil que estes tiveram, das privações e dos abusos que viveram. De fato é importante entender o que pode ter levado nossos cuidadores a agir como agiram, mas nenhuma violência pode ser justificada; se fazemos isso, estamos nos roubando a chance de elaborar esses atos e de interromper essa cadeia perigosa, que pode continuar se repetindo. Levar adiante essa mistura de amor e violência é extremamente perigoso para a nossa saúde e para a saúde de nossas relações.

A psicanálise nos mostra que tendemos a nos amar e a amar os outros da mesma forma como fomos amados pelas primeiras e mais importantes pessoas da nossa vida. Se vivemos abuso e negligência, essas experiências também moldam a maneira como nos vemos, como lemos o mundo e como vivemos nossas relações. O cuidado que cada um de nós recebeu de seus primeiros cuidadores deixa um rastro, tem uma história própria: podemos ter internalizado o que recebemos como cobrança, como invasão, como abandono, como resto, como vazio, ou como violência; tudo depende de como experienciamos e significamos esse afeto.

O amor também é internalizado de acordo com a maneira como fomos mais olhados e valorizados: procuramos repetir nas outras relações os comportamentos que nos trouxeram um olhar mais constante dos nossos pais. O problema é que nem sempre fomos reconhecidos e vistos quando agíamos de forma benéfica para nós mesmos; muitas vezes éramos considerados boas crianças quando nos adequávamos ao que *eles* precisavam de nós. Compreendendo esse mecanismo, fica mais fácil entender por que na vida adulta continuamos a nos comportar de maneira a agradar aos outros, nos silenciamos e nos sabotamos em nome do pertencimento ou de ganhos mínimos.

É importante pontuar que amor nunca justifica violência e negligência – nem as apaga –, mas muitos de nós internalizamos na infância que essas atitudes danosas faziam parte do amor, e quando adultos temos dificuldade em separar comportamentos aceitáveis dos não aceitáveis para nos proteger.

A importantíssima intelectual, professora e escritora bell hooks nos conta lindamente em *Tudo sobre o amor: novas perspectivas* que o amor vai muito além do ditame patriarcal de prover cuidado a alguém: ele contém as dimensões do compromisso, da confiança, da responsabilidade, do respeito e do conhecimento. Onde existe abuso, não pode existir amor, ela diz, e essa é uma verdade com a qual nem sempre sabemos lidar, por colocar em xeque tudo o que aprendemos sobre amor na nossa família, em que os fins (boas intenções) justificariam os meios (abusos e negligências). É importante ter coragem de olhar para o que pode vir a ser o amor em nós, a partir não só da nossa subjetividade, mas também de onde ela foi forjada: uma cultura profundamente desigual e adoecida.

O cuidar no contexto de um mundo dividido

É fato que existe um ódio à diferença, e que ele está presente em todos nós em alguma medida. Somos seres essencialmente divididos, e é na ambivalência entre o amor e o ódio que forjamos nosso psiquismo. É na família que temos contato com as primeiras formas de diferença enquanto estamos nos desenvolvendo, e também é ali que nossos cuidadores iniciais precisam entrar em contato com a diferença entre o que imaginaram que seríamos e o que realmente nos tornamos. E o que eles imaginaram que seríamos tem influência não só de suas subjetividades puras, mas também de como essas subjetividades foram atravessadas pela narrativa cultural.

Sabemos que a família tem o papel de cuidar dos filhos para que sobrevivam, de se responsabilizar por eles, de repassar-lhes herança – sobrenome e transgeracionalidade –, de provê-los física e emocionalmente, de transmitir a eles as leis e regras do mundo e sua cultura. Em qualquer uma dessas instâncias a coisa pode emperrar, mas a questão cultural precisa ser sublinhada para que entendamos de onde a família parte.

Nossa sociedade não é equalitária, ainda vivemos sob um regime patriarcal e racista, dominado por um sistema econômico capitalista, apoiado pela racionalidade neoliberal. Numa estrutura como esta, em que somos convocados a nos adequar para sobreviver e a nos responsabilizarmos inteiramente tanto pelo nosso próprio sofrimento quanto pelo nosso sucesso, e em que as raízes sociais das questões se diluem perante o discurso do individualismo, alguns grupos sociais têm vantagens enormes sobre outros. Esse modelo social não valoriza igualmente a integridade de todos os seres.

Homens têm mais respeito e espaço do que mulheres; brancos, mais do que negros e indígenas; adultos, mais do que crianças; heterossexuais, mais do que homossexuais; ricos, mais do que pobres; neurotípicos, mais do que neurodiversos; magros, mais do que gordos; isso sem falar de toda a complexidade de entrelaçamentos que essas variáveis podem produzir. A família é uma das grandes rodas responsáveis por manter esse sistema de poder e desigualdade girando, e o faz através da adequação de seus membros ao que é "normal" na sociedade.

Essa adequação social, que começa com a recusa do colo e do choro para ensinar invulnerabilidade, passa também pela pressa para que as crianças sejam logo independentes, pela palmada para se acostumarem com a dureza do mundo (ou serem as agentes dessa dureza), pela pressão para que conquistem performances escolares perfeitas, pelo controle para que tenham comportamentos e aparências pasteurizadas dentro do que é esperado para meninas e meninos, e é feita utilizando micro e macroviolências, e em última instância recorrendo à desumanização. Se a família fosse composta apenas de amor construtivo, não teríamos números alarmantes de abusos intrafamiliares, negligências emocionais severas e reforço e repasse de tanto adoecimento social dentro dessa instituição.

Negando todo o senso comum, não há nada de natural na formação tradicional e idealizada da família, a composição de "casal e filhinhos", que no imagético social são brancos e heterossexuais. A família é, antes de tudo, uma organização simbólica e política. Isso fica óbvio quando vamos à etimologia da palavra: em latim, *famulus* significa algo como "escravos domésticos", submetidos, servos, uma alusão a todas as pessoas que trabalhavam na casa do patriarca, mesmo os parentes. De fato, os formatos familiares vêm variando no tempo, com as configurações ficando cada vez mais complexas e abrangentes, se movimentando diante de novas demandas sociais, mas atravessadas ainda pelo racismo e pela misoginia estruturais.

Apesar dessas mudanças, o trabalho da mulher dentro da família continua sendo bastante claro: fazer toda a criação e manutenção da vida e adequar as crianças ao que esse caldo cultural espera delas. O valor da mulher reside principalmente em ser escolhida por um homem para se tornar mãe dos filhos dele, voltando seu amor principalmente a esse homem, cuidando da família e fazendo o trabalho doméstico, processo no qual se anula – o que a intelectual feminista Adrienne Rich chamou de heterossexualidade compulsória –, mas também envolve o quanto essa educação dos filhos é bem-sucedida.

Se a criança correu muito, falou mais alto, escalou o sofá, mexeu nos enfeites, a pergunta é: "Cadê a mãe dessa criança?". A culpa que nos ensinaram que "nasce com as mães" na verdade tem como base a hiper-responsabilização a que estão submetidas. Adiciona-se a isso a solidão, já que, no imagético social, o bom pai é aquele que provê financeiramente e é divertido com os filhos quando tem tempo para isso, nada mais. Os pais nem sequer precisam prover sozinhos, porque grande parte das mulheres também supre as necessidades econômicas da família, ou a sustenta sozinha. O abandono paterno é legitimado e normalizado, assim como a morte precoce dos pais racializados por conta da violência masculina, do encarceramento e do racismo. Nesse contexto, mulheres racializadas estão ainda mais sozinhas, empobrecidas e sobrecarregadas.

É importante dizer que o racismo tem papel fundamental na divisão dos cuidados domésticos entre as mulheres brancas e as racializadas, e isso fica claro quando se leva em conta a escravização a que estas foram submetidas. Lélia Gonzalez, filósofa, antropóloga, professora e referência nos estudos e na articulação de gênero, raça e classe no Brasil, aponta que, na medida em que existe uma divisão racial e sexual do trabalho, a mulher negra sofre o que chama de tríplice opressão e discriminação: de raça, classe e sexo.

Homens não são implicados no cuidado de sua prole, sendo substituídos pelo cuidado muitas vezes subalternizado e explorado de mulheres negras. Diante dessa desresponsabilização masculina, as mulheres brancas se tornam subopressoras das mulheres negras. Estas, por sua vez, permanecem na base da pirâmide do cuidado, com uma remuneração média equivalente a 48% do que homens brancos ganham, 62% do que as mulheres brancas recebem e 80% do que os homens negros ganham, de acordo com pesquisa de 2023 do Instituto Brasileiro de Economia da Fundação Getulio Vargas (Ibre/FGV). A FGV também aponta que 90% das mulheres que se tornaram mães solo no Brasil, nos últimos dez anos, são negras. Em geral, tornaram-se mães muito cedo e foram meninas que já cuidaram de irmãos e de outras pessoas da família enquanto suas mães trabalhavam fora para sustentar a todos.

Muitas meninas advindas de um lar violento ou negligente saem de casa quando começam o primeiro relacionamento afetivo e desembocam diretamente na maternidade, já que recebem a informação de que dali obterão todo o amor e reconhecimento que nunca obtiveram antes. Muitas nem sequer têm acesso a informações de qualidade sobre o próprio corpo, sobre planejamento familiar e sobre a realidade social opressora que chega com a maternidade.

Todo o trabalho de criação e manutenção da vida é relegado então à parte que menos teria condições de fazer esse trabalho, justamente porque é privada, em grande parte, de uma vida íntegra, segura, autônoma e criativa: as mulheres, como bem pontua Simone de Beauvoir, escritora e filósofa francesa que foi uma das pioneiras no estudo da condição social da mulher.

O discurso do amor instintivo da mãe e de como *só ela* saberia cuidar da criança foi criado para que as características biológicas da mulher a mantivessem presa a esse trabalho explorado, que poderia ser socializado e não depender apenas dela.

Se alardeamos que toda mãe tem um amor inato pelos filhos, o que pensam as crianças que não se sentem ou não são amadas por suas mães? Provavelmente, que elas mesmas não são amáveis e que a culpa pelo desamor que atraíram é toda delas.

Hoje sabemos que os nossos sentimentos são construídos socialmente e moldados cultural e historicamente, inclusive o amor, ou seja, não existem significados universais para o que sentimos. Trazendo um exemplo disso a partir da visão ocidental e eurocentrada, a filósofa francesa Elisabeth Badinter escreve que no século 17 era absolutamente comum que as mulheres brancas ficassem longe de seus filhos por muitos anos, enquanto estes permaneciam em internatos ou na casa de amas.

Essas mães não eram malvistas, e provavelmente não se sentiam culpadas por não cuidar dos filhos da maneira como hoje consideramos adequada, muito pelo contrário. Quando os filhos morriam pela falta de higiene e de um olhar pessoalizado, cuidadoso e amoroso – e isso acontecia frequentemente, nos conta Badinter –, essas mães nem sequer choravam. Era quase como quando se perde o peixe do aquário da sala, tudo dentro do esperado para as regras sociais da época.

Somente após 1760, com a alta da mortalidade infantil em razão das condições precárias de cuidado, que ameaçavam o crescimento da população, mudou-se a narrativa e as mães foram influenciadas a pessoalizar a maneira de cuidar, porque os poderosos entenderam que esse amor materno poderia vir carregado de valia mercantil à sociedade, impulsionando o aumento populacional na Europa. As mulheres passaram a internalizar a narrativa de que seriam as grandiosas mães da nação, as guerreiras que salvariam a todos, porque assim conquistavam algum respeito desses homens e da sociedade.

Nesse contexto, jamais se considerou que os pais pudessem ter qualquer papel para além da provisão financeira. Badinter relata que a narrativa na época – e que infelizmente permanece ainda hoje, mesmo que velada – era a de que eles não poderiam "descer" ao nível da criança, que nada na natureza deles os predispunha a relações afetivas com os filhos, que o capricho infantil era uma fraqueza, e esta seria familiar à mulher. Sempre foi das mulheres a responsabilidade pelo cuidado com as crianças, mas a concepção de amor não era a mesma que conhecemos hoje, e ele tampouco era considerado instintivo. O próprio conceito de infância como período especial e importante é relativamente novo, construído a partir da Revolução Industrial, mas que começa na transição do feudalismo, de acordo com o historiador francês Philippe Ariès.

Quando falamos da divisão sexual do trabalho de cuidado, estamos falando de um problema estrutural com consequências no psiquismo da mulher e das crianças. A mulher que é lançada para a maternidade como destino certo, empobrecido e solitário certamente vai se sobrecarregar, vai precisar se anular e será impedida de enxergar e nomear essas questões. Isso pode levar a sentimentos reprimidos de ressentimento, ódio, medo, decepção, inveja e frustração, decorrentes do fato de que a realidade não é como a fantasia que lhe venderam. Para piorar, é possível que esses afetos sejam deslocados e descontados nos familiares mais vulneráveis, os filhos.

A exploração do sexo feminino advinda dessa divisão sexual do trabalho do cuidado foi instituída de forma violenta há milhares de anos, segundo a professora, historiadora e referência nos estudos da história da mulher Gerda Lerner. Tudo começou no período neolítico, com a instituição da agricultura, quando os seres humanos puderam deixar de ser nômades. Estabelecidos em locais fixos, plantando e caçando, os humanos passaram a lidar com excedentes da produção agrícola e as consequentes guerras entre tribos que lutavam pela posse desses recursos.

As mulheres já estavam mais próximas do cuidado com as crianças, mas essa divisão não era marcada pela exploração e dominação dos homens, que começa a acontecer por meio da troca e venda de mulheres – como objetos – entre as tribos, com o objetivo de garantir acordos de paz. As comunidades então passaram a ser patrilocais e patrifocais, já que as mulheres se deslocavam para o povoado do homem e as relações de parentesco eram dadas por ele.

Esse foi o embrião da exploração das mulheres e da criação da família como a conhecemos: por causa do acúmulo de riquezas e patrimônio, o controle sobre a sexualidade e o corpo da mulher se aprofundou, afinal o homem precisava ter certeza de que seus descendentes eram legítimos para dar continuidade à herança. As mulheres precisavam estar dentro dos lares com suas crianças, responsáveis por todo o trabalho relacionado a essa esfera.

Os dogmas judaico-cristãos tiveram um papel importante no estabelecimento das regras que as famílias deveriam seguir para serem bem-aceitas no círculo social e supostamente terem recompensas após a morte. Também ajudaram a consolidar a noção de que o homem – criado à imagem e semelhança de Deus – deveria ter mais poder dentro das famílias, em contraponto a quem lhe devia devoção: sua mulher e seus filhos. Além disso, esses dogmas tiveram grande participação na sacralização do papel da mãe, na idealização do sacrifício, na romantização da martirização feminina, na divisão entre mulheres ruins e boas – Eva e Maria –, e na culpabilização de comportamentos que desviavam do esperado, a princípio punidos com fogueira e morte, como detalha a filósofa Silvia Federici em sua obra *Calibã e a bruxa: mulheres, corpo e acumulação primitiva*.

Podemos então dizer que a maternidade é compulsória porque foi concebida num modelo masculino como a única via de realização possível para uma mulher, inclusive com sanções sociais nada sutis quando se foge à regra.

A maternidade é descrita pela psicanálise como substituta fálica, ou seja, um lugar de busca de poder e importância e de ilusão de completude. Se a maternidade é o único local reservado para a mulher numa sociedade patriarcal, podemos concluir que a mulher é condicionada para desempenhar essa função tanto direta quanto indiretamente.

Esse condicionamento ocorre diretamente por meio do incentivo à maternidade desde a infância, com brinquedos que remetem ao cuidado, à limpeza, à beleza, à responsabilização; por meio do discurso romantizado da própria família, espaço em que as mulheres adéquam as meninas ao que se espera delas; por meio das representações culturais da maternidade como conto de fadas e como condição de realização maior da mulher; por meio da narrativa de dom, missão e biologia própria para o amor e para o cuidado; e por meio do reforço positivo dessas atitudes desde a infância, começando muitas vezes com o zelo pelos irmãos (e até pelos próprios pais).

Mas as mulheres também são levadas à maternidade indiretamente, pela falta de educação sexual nas escolas e em outras instituições formativas; pela falta de um planejamento familiar não patriarcal, de métodos contraceptivos seguros e abrangentes, e de informações sobre o próprio corpo; pela culpabilização em relação à sexualidade; pela cultura do estupro; pela heterossexualidade compulsória, que as afasta de outras formas de afeto com punições concretas e simbólicas; pela impossibilidade de realizações pessoais em áreas reservadas aos homens; pela ausência de informações sobre as dificuldades reais da maternidade; pela falta de escolha quanto ao próprio corpo e à gestação; e pelo julgamento às mulheres que não se tornam mães.

A maternidade compulsória é um dos grandes motivos pelos quais a violência é amplamente repassada às crianças dentro de uma família: resta a elas receber todo o residual afetivo não elaborado do arrependimento, da culpa e das violências que as mulheres experienciam, inclusive como filhas.

Para que as mulheres permanecessem nesse local de cuidado doméstico hiper-responsabilizado, exclusão e empobrecimento financeiro, e continuassem sendo negligenciadas sem que houvesse rebeldia, foi criada uma série de reforços sociais: elas foram colocadas no lugar de "rainha do lar", de "boa mulher", de "sagrada mãe", que se resigna e "padece no paraíso". Foram chamadas de guerreiras, para que continuassem lutando sozinhas e entendessem que, se não vencessem, não poderiam responsabilizar ninguém além de si mesmas. Foram confinadas ao espaço de donas de casa, quase nunca sendo as donas *da* casa, já que as posses e os bens pertenciam historicamente aos homens.

A dona de casa costuma ser uma mãe, explorada por muitos anos laboral, sexual e emocionalmente, que garante que o homem possa ganhar seu dinheiro e ocupar lugares sociais sem se preocupar com os próprios filhos, com a própria alimentação, com o próprio bem-estar, porque foi responsabilizada por prover tudo isso a todos da família, sob a narrativa – muitas vezes falaciosa – de que ela é quem seria cuidada quando se casasse. O mercado de trabalho formal não foi criado para mulheres, e esse é um dos motivos para a tal da "síndrome da impostora", ou seja, a sensação de estar onde se sabe que não é esperado que esteja, de não se sentir boa o suficiente. A mulher sabe que será mais julgada e exigida num espaço que historicamente não deveria ser o seu.

Como a cereja desse bolo, vem o silêncio: mulheres – principalmente mães – nem sequer podem falar de suas dificuldades e questões, sob a ameaça de julgamento, ostracismo social e punições concretas. As que levantam a voz são acusadas de egoísmo, de falta de amor para com seus filhos, de falta de gratidão pela saúde deles, de falta de responsabilidade por terem "aberto as pernas"; uma narrativa patriarcal muitas vezes internalizada pelas mulheres e transformada em culpa.

Percebamos que a forma de sentir os afetos, tanto os impugnados pela própria condição de mulher quanto o que sentimos pelos nossos filhos, sempre teve bastante influência social, informando e criando nossas crenças inconscientes a respeito de nós mesmas, do mundo e dos outros. É a cultura que informa a família sobre como educar e amar suas crianças, mas a família retroalimenta essa mesma cultura quando subscreve sem crítica e sem questionamento às narrativas de como oferecer educação e amor.

Em última instância, o tratamento que os seres humanos dispensam a seus filhos é uma equação complexa, uma construção que se baseia na forma como foram amados e cuidados, mas também na sua vontade e capacidade de reconstruir partes de si que estão quebradas pelo desamor e pela cultura em que estão inseridos. Mulheres, por fazerem parte do grupo menos valorizado e respeitado, sempre terão as relações mais difíceis e adoecidas, motivo pelo qual tantos autores dizem que as relações mais complexas são sempre as de mães e filhas.

A filha como continuação da mãe, o desamparo da menina

Mulheres são educadas desde sempre para serem boas alunas, boas filhas, boas garotas. Se começarmos a esmiuçar o significado desse adjetivo, descobriremos que nesse caso ele descreve uma menina que tem comportamentos adequados ao que esperam dela, não necessariamente comportamentos esperados para sua própria idade, fase maturacional e contexto emocional. Ganha-se a alcunha de "boa" pela obediência e adequação, perdendo-a quando da criação de autonomia e confiança em si.

Olhando mais de perto, entendemos que quem faz a função de cuidados iniciais costuma ter a vida diretamente facilitada, ou a imagem aprimorada, pelos comportamentos adequados da filha, e a pessoa que faz a função paterna também pode ganhar algo em cima de uma boa reputação da menina, em especial se ela cresce angelical e comedida, características que a tornam ideal para ser escolhida por um homem e se casar.

A menina sempre obediente e calma é recompensada com elogios à sua maturidade precoce e à sua suposta boa índole, que na verdade é fruto de socialização e repressão dos afetos difíceis. Aprende a reprimir toda a sua raiva, que ou é patologizada desde sempre, ou é tratada como o pior dos seus defeitos. A professora, psicóloga e referência em estudos de gênero no Brasil Valeska Zanello constata que às mulheres, desde pequenas, só são permitidos a autoagressividade e o choro prolongado da raiva impotente.

Uma educação mais protetora do que a dos meninos passa a mensagem de que meninas não sabem muito bem lidar com suas questões, com o mundo, consigo mesmas, e só podem realizar algo com a ajuda de outrem. Elas aprendem que precisam conter seus movimentos, que são frágeis e que seu valor está na aparência limpa, adequada, magra e eurocentrada. Odeiam seus corpos se eles saem desse ideal, porque suas mães também foram ensinadas a odiar os delas.

A menina é socializada para se tornar dependente (enquanto o menino deve ser independente), para ser alimentada e sustentada por alguém, para ser validada por um homem como sua escolhida. O parceiro também representa um passaporte para a vida pública, já que as meninas aprendem que viagens, compras de bens e até uma pseudoproteção dependem da relação com um homem. É uma socialização castradora, repressora e adoecedora que as impede de saber que podem ter desejos para além dos que foram impostos: casar e ter filhos.

Mulheres são ensinadas desde cedo a colocar a maternidade como foco de suas vidas, recebendo e repassando a informação de que "vivem para os filhos". Os filhos são colocados na função de falo – que nada mais é do que a ilusão de que podem completar suas mães –, e estas são ensinadas a viver na dependência da dependência dos filhos, como aponta a psicanalista francesa Michèle Benhaïm. Isso é adoecedor para a mulher, que não pode direcionar sua libido para outros lugares, e potencialmente adoecedor para os filhos, que serão colocados na posição de suprir tudo de que ela precisa, obviamente sem nunca conseguir.

Mulheres se subjetivam através do olhar do homem que as escolhe para ter esses filhos, e sua posição nessa prateleira do amor – conceito de Zanello – depende de idade, raça e tipo físico. Também disse Beauvoir que a disputa das mulheres não é pelos homens em si, mas pelo reconhecimento de serem escolhidas, e por isso a busca da beleza e o retardamento do envelhecimento são primordiais em suas vidas.

Pela correlação direta do corpo sexuado feminino com a reprodução, algumas características foram culturalmente atreladas às mulheres como se fossem inatas: doçura (docilidade), dedicação, propensão ao sacrifício, dependência, submissão, necessidade de proteção e aceitação das mazelas às quais estão submetidas. Esses atributos modelam e restringem o desenvolvimento da personalidade das mulheres, colocando-as em caixas apertadas demais, minando sua energia, que é toda gasta em repressão da raiva, ressentimento, inveja, competição e controle. Submissão e passividade são, na verdade, características de um grupo oprimido, não particularidades naturais do sexo feminino.

Do mesmo jeito que as crianças que não foram cuidadas de maneira suficientemente boa fazem uma clivagem – um tipo de divisão precoce e adoecida do psiquismo – para preservar dentro de si o lado bom dos pais, internalizando assim a culpa e as características negativas deles como se fossem suas, as mulheres continuam esse movimento, preservando o amor dos homens e sentindo que a culpa de todo o mal que acontece é delas. Muitas pensam inclusive que precisam salvar os homens dos papéis que eles mesmos criaram e reforçaram: a dominação, a exploração e a negligência no cuidado. Aprendem a chamar as violências que sofrem de cuidado, de amor e de preocupação, e até a erotizar sua opressão.

A mulher é socializada com uma orientação ao autossacrifício, que é erroneamente chamado de amor, priorizando o homem, os outros familiares e os filhos, e é ensinada a ignorar e a negar situações que a ferem ou negligenciam. Ela precisa atingir a perfeição – e nada menos que isso – em todas as esferas de sua vida, portanto sente que está sempre em falta, que não dá conta, já que atingir essa perfeição dependeria de equilibrar a tripla jornada a que está submetida: o cuidado da casa, o cuidado dos filhos e seu trabalho formal. É bom lembrar que a maioria dos domicílios no Brasil hoje é chefiada por mulheres. Dos 75 milhões de lares, 50,8% têm sustento financeiro feminino, segundo o Departamento Intersindical de Estatística e Estudos Socioeconômicos (DIEESE), mas mulheres ainda fazem, segundo a Pesquisa Nacional por Amostra de Domicílios (PNAD), quase o dobro de horas semanais em trabalhos domésticos do que os homens (21,3 horas *vs.* 11,7 horas). A conta nunca fecha.

Mulheres aprendem a não ter vínculos profundos com outras mulheres, rivalizando sempre que possível pela imagem de mulher ideal diante dos homens e pelos benefícios que essa posição pode trazer, competindo por um lugar que sabem que é escasso, onde só cabem poucas. Elas se julgam, apontam e criticam como uma forma de projetar toda a dor de não poder "sair da linha"; fiscalizam umas às outras para que continuem parceiras na privação e na dor, mas também o fazem para ensinar outras mulheres, principalmente as filhas, a sobreviverem no patriarcado e não serem punidas pelos homens.

Aprendem a ser vistas como frágeis e apoiam que os homens sejam percebidos como fortes e poderosos, reforçam essa ideia na criação de suas crianças, já que internalizaram isso em si mesmas. Buscam a completude que só viria de um homem e, na esperança de receber algo em troca, tentam comprar o amor com servidão, porque assim foram ensinadas.

Mulheres internalizam a ideia de que seu corpo está voltado para o prazer ou a utilidade do outro, é um território a ser conquistado, um objeto a ser observado e consumido. Aprendem que seu corpo pode ser visto como algo exterior a si, como se fosse composto de partes independentes a serem continuamente "melhoradas" ou utilizadas para dar vantagens – sexuais ou de cuidados – a outras pessoas. Por causa das múltiplas exigências e violências que sofrem desde a infância nesse corpo sexuado, muitas dissociam dele, passando a se enxergar pelo olhar do outro, sem se sentir em primeira pessoa. Dessa forma, evitam entrar em contato com si próprias, internalizando pesada misoginia e convivendo com muitos momentos de dissociação (desconexão da realidade), despersonalização (desconexão do próprio corpo ou da mente) e desrealização (desconexão do ambiente em que se encontram). Por causa disso, são ensinadas a negar a si mesmas prazer, descanso, desejo, conforto, identidade, possibilidade de expressar raiva e revolta, e normalizam isso. Por não poderem mostrar raiva, voltam-na para dentro, internalizando-a como culpa recorrente, por não conseguirem cumprir todas as normas e regras que foram criadas para cumprir.

Mulheres e meninas aprendem que precisam ser diferentes de quem são: não podem falar ou rir alto, devem estar sempre cheirosas e limpas (não podem suar nem entrar em contato com seus fluidos), não podem se sentar de qualquer maneira, não podem gritar para se defender, não podem ganhar mais dinheiro que homens, precisam ter sempre aparência hiperfeminilizada e sofrer para adquirir beleza – que nunca têm totalmente, já que o padrão não serve para ser atingido, e sim para controlá-las e aliená-las, como relata a jornalista e escritora feminista Naomi Wolf –, não podem desgostar de tarefas domésticas nem de cuidado. Mulheres aprendem que nunca são boas o suficiente e que a submissão é o caminho para sofrerem menos violências e menos rejeição.

Elas também internalizam o destino de insucesso profissional, por conta do empobrecimento e da dependência a que são submetidas na realidade concreta. Muitas aprendem a se ver como acessórios sem desejo acoplados a homens, várias vezes os ajudando a conquistar cargos, patamares e títulos que não conseguiriam por si sós, colocando-os para cima enquanto permanecem abaixo.

Aprendem a ser infantilizadas, se brancas, e hipersexualizadas, se negras, e, se tomam consciência desses papéis desumanizadores e injustos, sentem que não podem reagir com a revolta e indignação que a situação demanda, porque são colocadas na posição de "raivosas", "loucas", "exageradas" ou "dramáticas".

São ensinadas a desconfiar de si mesmas, por nunca serem validadas em suas verdades, vulnerabilidades, opiniões e experiências. Uma máxima feminina que nunca é dita pelos homens é: "Achei que estava ficando louca ao pensar tal coisa". Ou seja, mulheres são subjetivadas via *gaslighting* e negação de suas realidades e internalizam que são mesmo irracionais, reclamonas ou exageradas.

Mulheres aprendem a normalizar o controle e a repressão, o questionamento de seu autovalor, a permanência em relações que não trazem benefícios, prazer, apoio ou realização, porque foram ensinadas que a solidão é uma punição para aquela que não é boa o suficiente, e que, mesmo tendo boas amigas e pessoas de confiança, sem um parceiro romântico, serão sempre "solitárias".

Por medo da rejeição, aprendem a nunca desagradar ou se colocar em primeiro lugar, a evitar conflitos a todo custo. Assim, aprendem a fornecer sustentação emocional sem receber nenhuma, a cuidar sem serem cuidadas, a dar muito e receber pouco, achando que recebem o suficiente.

Em suma, o desamparo social que meninas sofrem desde o início da vida, somado a todas essas dinâmicas castradoras de subjetivação e socialização, pode fazê-las criar um falso self, ou seja, uma adaptação do psiquismo para se adequar ao que se espera delas, segundo o conceito criado por Winnicott. Assim, vivem sob o peso de uma máscara, com sua autenticidade tolhida e escondida de si.

Sob o falso *self* da "boazinha" e da "guerreira", a menina vira a mulher que deixa de cuidar de si para cuidar dos outros, ou cuida dos outros mesmo ainda sendo criança (tema que abordarei ao falar da criança parentalizada). Também pode virar a mulher que aceita que ultrapassem seus limites porque tem dificuldades em acessá-los em si; que sorri diante do próprio desconforto, porque não pode deixar que ele gere desconforto nos outros; que foge de conflitos ou cede pela pressão; que esconde suas necessidades para que estas não fiquem à frente da necessidade dos outros; que busca preservar a imagem de simpática, nunca rude, de frágil, para não ser vista como má; de afável, para que seja sempre aprovada pelos outros e nunca decepcione ninguém. Essa mulher vai se esforçar para sofrer e aguentar calada, sob o risco de colapsar com o medo da rejeição e a perda da identidade construída.

Se ela ousa não subscrever ao que esperam dela, é julgada como louca, histérica, egoísta, mal-amada, solteirona, seca, exagerada, dramática, rebelde, complicada, e pode sofrer uma gama de punições concretas e simbólicas, que vão desde o afastamento afetivo e a rejeição até a perda de emprego ou da guarda dos filhos.

Caso não consigam nomear sua própria repressão e privação e fazer algum contraponto a isso ao educar suas próprias filhas, seja conversando sobre as opressões que dividem, seja falando abertamente de sua história e dos caminhos que criaram para não se perderem de si, essas meninas repassarão a adequação que sofreram para a nova geração de meninas. Acredito ser imprescindível que as relações de mães e filhas sejam permeadas por uma abertura emocional, mas esse definitivamente não é o ensinamento cultural nem transgeracional que as mulheres recebem.

As relações de mãe e filha estão entre as mais ambíguas e difíceis, porque a menina é um espelho da mãe, e esta se vê projetada na filha, com suas vivências traumáticas e seus pesados empecilhos sociais. Beauvoir conta que os afetos negativos das mulheres e filhas são criados porque a mãe teve que desistir de grande parte de si para cuidar, o que pode causar imenso ressentimento e até inveja da liberdade e juventude da menina. O filho, nesse contexto, seria mais livre, porque a mulher-mãe não se identificaria com ele num nível de espelho e faria projeções diferentes daquelas realizadas com a filha mulher. O filho tradicionalmente vai "conquistar coisas" para si e para a família no mundo, ou seja, os filhos meninos costumam ter mais autonomia e receber mais apoio e reconhecimento de suas mães do que as meninas.

É importante dizer que, quando Beauvoir fala da figura materna, ela considera a mãe da família tradicional da sua época, mas podemos expandir o conceito para outros formatos familiares, por exemplo, famílias com duas mães ou com nenhuma mãe. Aqui entra a função materna, especificada pela psicanálise como a função de cuidagem inicial feita pela pessoa mais próxima à criança, exercida muitas vezes por uma avó, por outra cuidadora ou um cuidador.

Na filha, a mulher-mãe – ou a figura feminina inicial de cuidagem – procura seu duplo, sentindo que pode reencarnar ainda viva nessa figura, e para isso vai desejar que ela seja sua continuidade ou seu eu consertado.

No caso do desejo pela continuidade, a mãe pode se ressentir quando a filha rejeita um relacionamento aos moldes do que ela teve, quando não quer ter filhos, quando tem um corpo muito diferente do dela, quando quer trabalhar com algo que ela desaprova, quando não cuida dela como ela cuidou da própria mãe, quando tem mais sucesso do que ela, quando quer se mudar para longe, quando tem ideais diferentes ou quer viver qualquer situação que ela encare como traição a si. Se todo movimento de individuação e autonomia é sentido como abandono, ingratidão, traição ou rejeição, a filha pode ter muita dificuldade de se priorizar. É perigosa a mãe – ou qualquer cuidador principal – que usa a filha como continuação, porque o preenchimento da fusão é mortífero: alguém precisa deixar de existir para isso acontecer. A filha pode também estar sendo usada como suprimento de amor, validação e reconhecimento que os próprios pais da mãe não fizeram.

Na esperança do eu consertado, a mãe pode induzir a filha a ser hiperindependente se ela mesma foi muito submissa – talvez incentivando solidão ou isolamento sem nem sequer se dar conta –, pode pressioná-la para que não engravide tão cedo ou não tenha tantos filhos como ela, pode esperar que a filha traga as realizações financeiras e posições acadêmicas que ela não conseguiu, ou que tenha a aparência que ela não foi capaz de ter, e assim por diante. Também é perigosa a mãe que quer consertar sua vida na vivência da filha, porque as boas intenções tendem a esconder o dano que a falta de autonomia pode causar nela.

Beauvoir afirma que há uma dedicação quase tirânica na mãe que vê a filha como duplo ou eu consertado: a mãe, se intuindo vítima e se sentindo impotente, se apaga, e há um prazer amargo em se reencontrar em outra vítima, mas também culpa por ter trazido outra vítima à vida.

A mulher-mãe pode se ressentir da filha que tem desejo de ir além dela, quando ela mesma não conseguiu se individuar e se separar do destino da própria mãe; trata-se de um repasse transgeracional. Por isso Winnicott diz em sua obra *Tudo começa em casa* que, para toda mulher, há sempre três mulheres: ela menina, sua mãe e a mãe de sua mãe.

Nessa ambivalência, a mãe ou projeta a igualdade, não aceitando que seu duplo se torne uma outra, ou quer a diferença absoluta. Em todo caso, se esquece da individualidade da menina. A mãe, ao ter dificuldade de reconhecer, nomear e lutar contra a própria prisão em que se encontra, insiste em trazer sua filha para lhe fazer companhia no cárcere. Se, por um lado, há o temor da individuação da filha, cercado de inveja, medo do abandono e decepção, existe, por outro, o horror a nunca se separarem, o que faz com que elas nunca se unam: muitas meninas não experimentam o amor fusional inicial saudável com suas mães – um amor sem tantas amarras e projeções, ou, pelo menos, tendo mais consciência delas –, conforme aponta a socióloga e psicanalista Silvia Lobo.

No patriarcado, mulheres não se sentem seguras para expressar raiva contra ninguém além delas mesmas e das suas iguais, ou seja, a filha será um grande receptáculo de dores e projeções da mãe. Muitas adultas vítimas de suas mães sentem que precisam recorrer à patologização da condição emocional destas para conseguirem o aval de manter alguma distância; por isso, vemos o termo "mãe narcisista" sendo tão amplamente utilizado para explicar vivências de abuso, maus-tratos, negligência e até mesmo violências estruturais como racismo, misoginia, homofobia.

Em suma, a menina vira mulher num ambiente de grande desamparo físico e emocional, passando por situações concretas de injustiça e abandono, mas muitas vezes internalizando boa parte do que viveu como "normal", só vindo a perceber o caráter abusivo ou negligente dessas circunstâncias muitos anos depois. A seguir, listo algumas dessas situações negativas que nem sempre são percebidas como tal.

O privilégio dos irmãos do sexo masculino

Quando tem irmãos meninos, a menina pode aprender que tem menos valor que eles ao vê-los recebendo um tratamento mais humano, com mais liberdade e autenticidade, e ao ser sexualmente reprimida e envergonhada, enquanto eles são incentivados a ter uma vida sexual ativa e prazerosa.

Entende seu lugar social ao ver recair sobre si a expectativa e a cobrança de fazer mais tarefas domésticas desde cedo e cuidar de todas as pessoas da família física e emocionalmente, enquanto os meninos estão livres desse fardo.

A menina pode internalizar a ideia de que é mais frágil, mais despreparada e mais impotente, por isso é mais controlada que os irmãos.

A relação de duplo ou de continuação com a mãe

Ainda sobre a relação de duplo, em alguns casos a menina logo aprende que precisa "consertar", na sua própria vida, as vivências da mãe que não a fizeram feliz, que a levaram a sofrer, a ser rejeitada, julgada, abandonada. Paradoxalmente a isso, a mãe repassa a ela a ideia (quase sempre inconsciente) de que não vai conseguir porque é uma menina, e meninas são incapazes, o que pode levar a uma grande sensação de impotência. A "síndrome da impostora" nada mais é do que o conjunto de sensações de impotência que uma menina vai colecionando ao longo da vida, na comparação com os irmãos, na relação com a mãe, nas expectativas sociais que lhe contam que seu lugar é cuidando, dentro de casa, na concepção de que não pode se expressar livremente e ser ela mesma.

Além disso, a menina aprende que precisa facilitar a vida da mãe porque é "naturalmente mais madura", não podendo se sujar, se movimentar, explorar, conhecer seus limites, fazer coisas que são do seu desejo. Afinal, meninas são "naturalmente melhores" no trabalho de facilitação e cuidado.

Ao mesmo tempo que deve consertar a mãe, a menina entende que precisa ser sua parceira de dor, que não pode ir além do que ela foi na vida, nem conquistar ou querer mais, para não causar frustração, solidão, tristeza e inveja. Também internaliza a ideia de que deve estar sempre disposta a ouvir a mãe e cuidar dela, ser sua terapeuta, e apoiá-la incondicionalmente.

Logo cedo entende que sua aparência e seus modos refletem o valor da mãe, então precisa ser uma menina adequada, limpa, quietinha e autossuficiente. A filha internaliza que precisa pagar pelos sacrifícios que a mãe fez, ou compensar a mãe por todas as dores e sofrimentos que ela sente que causou ao nascer.

Aprende que precisa regular as emoções da mãe, deixando-a sempre feliz e disposta, mesmo se para isso tiver que ser o receptáculo das descargas de violência dela. Também entende que precisa compensá-la pelas violências do pai, pelas negligências e abusos da família materna, pela própria impotência e fragilidade da mãe ou pelas condições sociais adversas, como pobreza e racismo. Muitas aprendem a se colocar no lugar de escudo que protege a mãe desses problemas, tornando-se suas fiéis protetoras, à custa da própria vivência autêntica e livre.

Pode ser difícil sair da posição de filha maravilhosa que atende aos desejos da mãe. A psicanalista Malvine Zalcberg aponta que a filha que ainda depende da mãe de várias formas pode hesitar em privá-la do prazer que lhe proporciona ao obedecer aos seus desejos, fato que dá prazer a ela mesma, a filha, que recebe o estimado título de "boa menina". Ela diz ainda que o medo de perder o amor da mãe, e consequentemente de se perder, pode impedir a filha de se separar da genitora, permanecendo sob sua dominação.

Para se manter nessa posição, a filha pode chegar a fabricar doenças e danos em si mesma, fazendo-se de mais incapaz, doente ou impotente do que realmente poderia ser.

A repressão internalizada

Outra situação abusiva que pode acontecer é a menina internalizar a ideia de que não pode sentir raiva, expressar agressividade, pensar por si mesma, se priorizar, entrar num conflito, se defender, verbalizar suas necessidades, dizer não, expor sua própria visão de certo e errado, decepcionar alguém ou se posicionar assertivamente, para não parecer "rude".

Ela, então, esconde essas partes importantes de si para que continue sendo vista como adequada, mas essas partes vão reaparecer em outros sintomas e dificuldades.

Muitas viram a criança invisível da família, fazendo sua parte no trabalho doméstico e na escola, mas passando o resto do tempo fechadas no quarto, escondidas, tristes.

Entendem que atender às necessidades dos outros e serem bem-vistas é mais importante do que se sentirem bem, porque ninguém nunca priorizou seu bem-estar.

A internalização da mãe persecutória

Por conta de todo o desamparo e das invasões emocionais que vive, muitas vezes a menina não consegue introjetar uma imagem de mãe-ambiente – aquela que foi sustento e apoio inicial suficientemente bom –, ficando, em vez disso, com a imagem de uma mãe persecutória e cruel, a cujos pés ela mesma não conseguirá chegar, ou cujos ideais e objetivos não conseguirá atingir.

Quando a mãe é introjetada como uma figura onipotente e invasiva, diz a psicanalista neozelandesa Joyce McDougall, o filho ou a filha pode sentir que não é responsável pelo cuidado de si, já que essa mãe internalizada está "no comando". Ou seja, sem conseguir ter dentro de si uma parte com que possa se identificar para conseguir cuidar bem de si mesmo/a quando for adulto ou adulta, sem ter confiança em seus atos, não consegue ser uma "mãe" suficientemente boa para si.

Melanie Klein, psicanalista referência no estudo da primeiríssima infância, afirma que, no início da vida, sentimos que quem cuida de nós de maneira mais próxima tem duas partes: a boa, que atende às nossas necessidades, e a má, que não atende. Ela diz ainda que sentimos medo porque queremos destruir e devorar a parte má (chamada por ela de "objeto/seio mau") que não atende às nossas necessidades sempre tentando preservar a parte boa (o "objeto/seio bom"), que atende. Esse medo afinal se volta contra nós, porque ainda não há ego suficiente para abarcar e elaborar esse afeto difícil, que se transforma então numa ansiedade persecutória, dotada de um poder de vingança contra nós mesmos. É o medo de que aquilo de ruim que sentimos nos pune magicamente de volta.

Se o objeto predominante em nosso psiquismo for aquele considerado bom, conforme nosso narcisismo inicial vai enfraquecendo, começa a surgir um sentimento de culpa em relação aos "ataques" que realizamos, e conseguimos então integrar partes boas e ruins dos nossos cuidadores com sucesso. Isso é o que Klein chama de "conquista da posição depressiva", utilizando o termo "conquista" porque considera esse um marco positivo do desenvolvimento, já que essa integração é sinal de um psiquismo que consegue lidar com a ambivalência, entendendo que nosso ódio não destrói o amor e não nos deixa desamparados.

Por sua vez, quando não acontece essa internalização da mãe como objeto bom a contento, é possível que a filha tenha dificuldade de lidar com a solidão quando adulta. Sem ter confiança em si para lidar com seu próprio sofrimento físico ou mental, ela pode recorrer a relações com padrão de controle e abuso, ou se sentir emocionalmente presa à mãe concreta, por meio da ameaça simbólica da mãe onipresente persecutória. Internalizam-se então a sensação de incapacidade e impotência e a prática do ataque a si, que infelizmente são muito reforçadas pela cultura patriarcal.

É importantíssimo apontar que, na maior parte das vezes, a grande falha na função materna evidencia uma sucessão de falhas ambientais anteriores, advindas tanto da família de origem da mãe quanto das pessoas, dos contextos e das instituições sociais que falham com ela no presente.

Uma mãe, por melhor que seja a sua intenção, terá dificuldade de barrar o trauma transgeracional que carrega em si num ambiente familiar e social que, além de não facilitar isso, coloca toda a carga e a responsabilidade da educação e da manutenção da vida da criança sobre ela. A falha na função materna fala da adversidade estrutural, do descaso político com as mães e crianças, e, também, das dificuldades pessoais e familiares dessa mãe. Tudo se entrelaça e desemboca na qualidade dos cuidados que ela pode prover à sua criança.

Se assim desejar, quando adulta essa criança precisará entrar em contato com sua dor original e entender as dinâmicas culturais adversas que ajudaram a forjar um ambiente que a desamparou, para ter chance de construir, muitas vezes com apoio especializado, uma mãe-ambiente suficientemente boa dentro de si, que supra suas próprias necessidades e atenda aos próprios desejos, e também um pai suficientemente bom, internalizado na figura de alguém que intervém nas dinâmicas negativas e mostra interesse e reconhecimento por ela.

A barganha de personalidade e o paradigma do filho devedor

Diante de todas essas problemáticas, precisamos nos perguntar: qual é o preço que pagamos por nascer e sermos cuidados, protegidos e sustentados? Qual é o preço que pagamos pelo nome que recebemos? Qual é o preço da raiva parental engolida ou dos sacrifícios feitos em nosso nome? Precisa mesmo haver um preço?

Constituir família é visto como a coisa normal e correta a se fazer, e como um caminho natural para pessoas que querem dar continuidade, a princípio altruisticamente, à sua linhagem, mas é um ato que fala também das motivações pessoais e narcísicas dos sujeitos.

Alguém pode querer ter um filho ou uma filha para consertar a vida que viveu, para renovar e recriar essa vida incompleta, para conquistar o que os pais não conquistaram ou para manter suas grandes conquistas, para provar sua virilidade ou sua feminilidade, para mostrar que pode dar "algo bom" a seus próprios pais, e por aí vai.

Se no início os pais amam seu próprio narcisismo refletido nos filhos ou uma idealização de criança perfeita – porque ainda nem há um *eu* no bebê para conhecerem –, aos poucos a criança vai constituindo esse *eu* e os pais vão começando a conhecê-la, perdendo um pouco seu narcisismo nesse movimento de se relacionar com o outro real, sem tantas idealizações nublando essa interação.

O desejo de conhecer essa criança e a curiosidade a respeito dela são muito importantes porque, se não estão presentes, o que restará quase sempre é a vontade de moldar a criança aos formatos que os pais entendem ser ideais. A criança, por sua vez, não se sentirá no direito de ser minimamente diferente do que os cuidadores designam como certo, como garantia de sucesso ou de menos sofrimento. Notemos que isso tudo é não só efêmero, como altamente subjetivo, já que os pais jamais poderão saber com certeza se a criança sofrerá por ser ou fazer algo diferente do que imaginaram para ela; não serão eles vivendo a vida dela, nem serão todos a mesma pessoa, com as mesmas vivências, os mesmos contextos e as mesmas condições.

O que começa a acontecer é o que chamo de barganha de personalidade. O pensamento dos pais funciona mais ou menos assim: "Só posso demonstrar a você algum reconhecimento, afeto e compreensão quando você atua como eu quero que atue, então seja a criança que eu quero e incorpore as características que menos me fazem sentir angústia, inveja, raiva e medo e que menos me fazem passar por algum tipo de cobrança ou rejeição social". Se são filhas mulheres, como já vimos, a cobrança é ainda maior.

Se a criança vai se tornando alguém diferente do que determinaram para ela, é possível que não receba nem sequer um olhar amoroso. É possível que ela se encontre num mar de críticas, enquadramentos, ofensas, controle e manipulação chantagista, levando-a a se sentir completamente sozinha e inadequada.

Se podemos inferir que não existe amor incondicional, nem pelos filhos – já que, quando os amamos, pelo menos queremos ser amados de volta de alguma maneira –, é preciso que exista um amor generoso. É o amor que se faz na prática, na ação, na decisão, na implicação, na curiosidade, na construção. É o tipo de amor que se assemelha mais a uma doação do que a um consórcio.

No entanto, porque investiram energia, tempo e dinheiro nesse "projeto", os adultos podem exigir uma lealdade que vem pela imposição, e não pela gratidão real do filho, seja criança, adolescente ou adulto. É como se o fato de terem oportunizado a vida para aquela pessoa, e perdido muito nesse processo, principalmente as mulheres, desse a eles o direito de mantê-la em dívida eterna, paga conforme condições que vão se colocando *a posteriori*.

Na gratidão forçada, imposta pela culpa e pela sensação de dever, o amor e a proximidade soam falsos, porque atuam como reforço da personalidade que os pais querem que os filhos tenham: interesses que sirvam a seus objetivos, maneiras de demonstrar emoções que não lhes tragam desconfortos ou trabalho, comportamentos que sejam ditados por eles, opiniões que não causem neles medo de rupturas. Isso tudo será imposto por meio da tradição ou da rejeição: na tradição, essas exigências são apresentadas como coisas que ninguém pode modificar, já que sempre foram assim, e, na rejeição, quem foge ao esperado será considerado um párea, alguém inadequado, errado e destoante, que sofrerá punições desde sutis a muito graves.

Da parte materna, a gratidão dos filhos é mais esperada ainda, porque mães são levadas a sacrificar muito de sua vida pela maternidade, inúmeras vezes sem reconhecimento, apoio ou proteção de ninguém, com pouca ou nenhuma divisão do trabalho físico e emocional relativo à criação dos pequenos. Nesse caso, podem acabar deslocando para eles – principalmente se forem meninas – toda a cobrança por tudo que faltou: "Se me sacrifiquei por você, você também precisa fazer isso por mim". Filhos não conseguem, mesmo que tentem com muito afinco, suprir de verdade a carência emocional da mãe, em especial na infância e adolescência, épocas formativas em que eles mesmos precisam ser sustentados e supridos.

A criança não consegue oferecer à mãe a felicidade, a validação e a facilitação que ninguém mais ofereceu, e que seriam um pagamento por toda a sobrecarga e solidão dela. Não consegue obturar o buraco deixado nessa mãe pelo descaso social, pelo apagamento, pelas perdas na carreira, na vida social, no prazer. A criança não pode assumir essa dívida, nem fazer essa compensação. Para as filhas mulheres que fogem desse sacrifício tão esperado de si, em geral é reservado o rótulo que mais contrasta com a socialização feminina: egoístas.

Da parte paterna, costuma-se esperar gratidão pelo repasse da linhagem, pela vida e pela provisão. Essa gratidão vem com muito mais naturalidade, porque os pais são bem mais perdoados socialmente pelas faltas, pelos abandonos e pelas negligências (e até abusos) do que as mães. Deles é exigido bem pouco.

A gratidão natural dos filhos, por sua vez, é aquela construída não pelo discurso ou pela imposição dos cuidadores, mas pela qualidade da relação. Se o relacionamento é minimamente nutritivo e seguro e suficientemente bom, a gratidão aparece como reciprocidade, e a empatia consegue ser praticada, com o ganho do concernimento (culpa saudável) quanto aos próprios atos diante do outro. Ou seja, a gratidão ética é aquela que experienciamos no corpo, que vem de dentro para fora e não é forçada de fora para dentro. É uma gratidão construída para além dos ditames sociais ou religiosos e que está no cerne de relacionamentos não baseados no abuso de poder.

O filho que não consegue sentir essa gratidão natural, porque ela não veio a partir de uma boa relação, pode se tornar o adulto lido como ingrato, mas também aquele que, aos olhos dos pais, nunca cresceu, porque foi mantido nesse lugar de dívida, nunca de igualdade. Ele pode sentir que jamais é ouvido, compreendido, validado, porque a dinâmica de "ser menor" permanece. O filho devedor provavelmente nunca ouvirá um pedido de desculpas dos pais, porque estes entendem que quem está em dívida é ele. Essa falta de autorresponsabilização dos cuidadores tem potencial de matar as relações.

Quando há alguma abertura emocional dos pais e cuidadores, quando eles conseguem entrar em contato com toda a repressão e privação que sofreram na própria infância, em geral conseguem também perceber que a criança está na verdade sempre em crédito, pois nos provê muito mais do que provemos a ela: nos dá a chance de olhar para os nossos machucados, nos oferece o mapa da autenticidade e da abertura emocional, nos presenteia com um amor aberto, entregue e construtivo. Os filhos não devem nada, porque, emocionalmente, já dão muito: abrem caminhos e ofertam oportunidades únicas de questionamento e crescimento aos adultos cuidadores.

O silêncio sempre foi o esperado

Diante desse cenário familiar atravessado por poderosos contextos subjetivos e histórico-sociais, como poderia ser fácil reconhecer e falar sobre todas as micro e macroviolências que acontecem dentro de um círculo familiar marcado pela dominação concreta e simbólica dos adultos sobre as crianças e dos homens sobre as mulheres, tão normalizada há tanto tempo?

Como os filhos não se sentiriam inadequados e culpados diante de problemas evidentes, mas que nem sequer podem ter nome? A saída que encontram é calar, recalcar e internalizar que eles mesmos é que causaram seus problemas familiares, ao serem ingratos e maus.

Nesse contexto, é mais desafiador desenvolver toda a potencialidade infantil, já que é dentro da família que costumam se criar marcas de socialização desiguais, que se repassa um amor adoecido pelas violências e repressões e que se reproduz um ambiente potencialmente prejudicial à autonomia, à confiança, à liberdade de ser, à criatividade, à convivência democrática e equalitária, à segurança e à estabilidade.

É dentro de uma família que a mulher é ensinada a buscar proteção e sentido para sua existência, mas é um espaço no qual infelizmente está mais desprotegida e mais vulnerável à violência psicológica, moral, sexual, física e patrimonial, com seus filhos presenciando e vivendo tudo isso com ela, também aprendendo seus papéis diante do que veem.

E é também na família que a mulher usa seu pseudopoder para controlar os filhos, muitas vezes de forma abusiva, porque não lhe é permitido ter poder em nenhuma outra esfera da vida. Seu narcisismo é todo investido em manter a casa e a vida dos filhos "nos trilhos", e não em seus próprios projetos e desejos, trazendo ressentimento e controle para as relações.

A raiva da mulher nunca poderá ser diretamente direcionada ao homem, porque ela sabe que o homem tem permissão para cometer retaliações e sair protegido e ileso, e porque a responsabilidade de manter o relacionamento "funcionando" é toda relegada a ela, mas, por outro lado, tal raiva pode e vai ser deslocada aos filhos, muitas vezes de forma desmedida.

Podemos então nos perguntar: como viver na família um amor inicial suficientemente bom, ainda que conflituoso e ambivalente, como todo amor é?

Audre Lorde, escritora e referência em ativismo pelos direitos civis e homossexuais, ensina que o silêncio não vai nos proteger, e isso é especialmente verdade quando precisamos nos organizar e nos defender de possíveis e reais ameaças e violências. Mas, dentro de uma família, quando somos crianças, não conseguimos deixar de silenciar, porque pode ser muito difícil transformar em palavras o que vivemos. As questões mais sérias podem ser tão normalizadas ou negadas por todos que só percebemos e nomeamos o que vivemos muitos anos depois, quando temos contato com outras famílias e outras formas de nos relacionar, quando temos nossas próprias relações afetivas ou nossos próprios filhos e notamos os padrões adoecidos agindo em nós, ou quando sintomas psíquicos incapacitantes se abatem sobre nós.

Inclusive, a "desromantização" da infância pode, para algumas pessoas, nunca acontecer.

Pode ser especialmente difícil, para não dizer impossível, que uma criança perceba todo o desamparo que vive no momento em que acontece. Muitas vezes ainda não há nem palavras para representar as vivências, porque não há bebê o suficiente (não há ainda um *eu* formado e fortalecido) para abarcá-las: existem violências que acontecem muito cedo. Mecanismos de defesa primitivos, como a divisão do psiquismo imaturo, amplamente descrito por Klein em sua obra, servem para proteger a imagem que temos dos pais, nos colocando como principais culpados ou causadores do que estamos vivendo, ou seja, a destrutividade que não conseguimos integrar e elaborar em nós nos leva a também dividir as partes boas e ruins dos cuidadores e projetar neles apenas as boas.

Isso traz uma ilusão de controle: "É só eu ser um filho melhor, me comportar melhor, dar menos trabalho, fazer o que esperam de mim e incorporar as demandas que vêm de fora como se viessem de mim que tudo vai melhorar, que o ambiente vai ficar mais seguro e estável e eu poderei ser bem cuidado".

Uma criança não tem condições psíquicas de perceber, nomear e lidar com o desamparo que vive e do qual precisa se proteger. Por conta do narcisismo primário – termo cunhado pelo pai da psicanálise, Sigmund Freud, e explanado em *Sobre o narcisismo: uma introdução*, que diz respeito à inabilidade da criança de se ver separada do ambiente ao seu redor –, a criança entende que ela mesma fracassou em criar para si um mundo acolhedor e satisfatório. Normalmente, mesmo depois de adultos continuamos acreditando que tínhamos o poder de criar um meio melhor, mais estável e mais carinhoso, e que fomos nós que falhamos ao não sermos tão bons filhos. O problema é que, quando utilizamos essa narrativa interna, o adoecimento familiar fica escondido, protegido.

E, quando falo de dinâmicas adoecidas, não estou falando de conflitos comuns, de discordâncias, de eventuais dias ruins, de transbordamentos que tendem a vir com posteriores reparações. Não estou falando de picuinhas normais, de irritações diárias, de ódios que transparecem e são discutidos, de brigas em que as pessoas conseguem minimamente se ouvir e trazer questões sem serem punidas com silêncio, desamor, ofensas e manipulações, nem de conflitos em que acordos mútuos são construídos e limites são traçados.

Estou falando de problemas sérios e crônicos, que, como um ácido, corroem dia após dia a vivacidade da casa e das pessoas, drenando a energia vital e fazendo os mais vulneráveis permanecerem em modo de alerta ou completamente dissociados do seu mundo interno para se protegerem. Estamos falando de alienação completa do ser, de abdução, de dinâmicas prejudiciais até mesmo à vida dos adultos que estão envolvidos nelas, porque ninguém sai ileso da própria violência.

O dilema familiar subjetivo pode ser bastante confuso: por um lado, o desrespeito produz marcas indeléveis e nosso corpo não quer tolerá-lo; por outro, precisamos conviver com a alteridade e com a diferença, precisamos da subjetividade de cada uma das nossas figuras de apego para formar a nossa, e muitas vezes não temos condições emocionais para diferenciar o que é alteridade do que é desrespeito, tão normalizado que é e tão imaturos que somos. E não temos condições de, sozinhos, nos separar dos pais que nos desrespeitam ou negligenciam, porque dependemos deles quando crianças. Assim, a família pode se transformar facilmente em uma prisão.

Do ponto de vista das mulheres como classe e grupo social, como falar abertamente da compulsoriedade da maternidade, da exploração do trabalho doméstico, da sobrecarga e da solidão, se são premiadas por se calar e "aguentar o tranco" como guerreiras e punidas quando se permitem falar?

Diante desse cenário, todas as famílias terão algum nível de disfuncionalidade estrutural, não só porque são forjadas nessa cultura desigual que priva mulheres do básico enquanto as responsabiliza pela tarefa mais difícil que existe, mas também pelas características humanas e pelos afetos ambivalentes dos que as compõem.

Também diante desse cenário, todas as famílias teriam o dever de olhar para seu potencial destrutivo e para os possíveis danos à autoestima e à integridade dos mais vulneráveis, a fim de se implicar na construção de relações mais autênticas, mais aprofundadas e conectadas, não necessariamente sem conflitos, porque isso não é humanamente possível, mas com mais liberdade para nomear possíveis problemas e tentar solucioná-los em parceria e colaboração. Nesse caso, haveria também a possibilidade de engendrar alguma luta social para que mudanças ocorram num nível mais alto.

É dever da família cuidar do seu potencial adoecedor, mas também é direito de ela ser amparada por uma cultura menos adoecida e com mais pactos de bem viver, para que o direito de proteção e afeto das crianças seja respeitado.

2

O início de nós

> Já que é preciso aceitar a vida, que seja então corajosamente.
>
> *Lygia Fagundes Telles*

Do que precisamos quando começamos a existir

Antes de falar a respeito de todas as violências e negligências que se podem sofrer dentro de um grupo familiar, entendo que é preciso primeiro falar de tudo que seria necessário para existirmos – e não falo apenas de sobreviver, mas sim de florescer em vivacidade. Para entender o que pode ter faltado ou sido excessivo, precisamos também entender qual seria o nosso patamar basal de cuidados necessários. É muito importante que saibamos quais eram os nossos direitos quando crianças.

Sermos bem segurados e manejados

Nascemos completamente vulneráveis e dependentes, e, segundo Winnicott em sua obra *Processos de amadurecimento e ambiente facilitador*, não integrados, com uma tendência a "vir a ser". Isso quer dizer que, no início, por causa dessa não integração, tudo somos nós: o barulho do quarto, o cheiro de quem cuida, o calor do colo, a leveza do lençol, a claridade do ambiente, a parede que olhamos, o ritmo do balanço ao ninar, o tom de voz que dirigem a nós, o nível de intrusão de um cuidador ou a falta de um.

Não sabemos que existimos, ainda não existe um "eu". Conforme vamos recebendo cuidados que não são nem invasivos demais e nem menos do que necessitamos, passamos a sentir que conseguimos criar de maneira onipotente aquilo de que precisamos: quando sentimos fome, sentimos que criamos o seio (ou a mamadeira) que vem até nós. A conexão entre a pessoa que cuida e o bebê vai se formando, e as necessidades da criança vão sendo não só percebidas, como criadas em conjunto.

Nessa identificação entre o bebê e a mãe ou a pessoa que cuida dele com afinco acontecem as primeiras danças da vida, que vão nos permitir continuar caminhando por ela conforme crescemos e desenvolvemos nosso psiquismo.

Esses cuidados iniciais ambientais serão realizados pela pessoa que faz a função materna – não necessariamente a mãe. Essa pessoa sente uma preocupação materna primária pela criança, condição que, para Winnicott, pode ser facilitada pela gestação, mas que já sabemos poder ser atingida por qualquer pessoa, inclusive do sexo masculino, que deseje estar implicada nos primeiros cuidados de um bebê e que se identifique profunda e intimamente com ele.

A psicanálise define a função materna como esta do cuidado inicial, necessário para a estruturação e o desenvolvimento do psiquismo da criança, e a paterna como qualquer forma de interdição dessa díade mãe-bebê, representada ou não pela figura do pai. Hoje, por exemplo, vemos que a própria profissão das mulheres pode cumprir um pouco dessa função: por meio da existência desse trabalho, a criança enxerga que não é tudo de que a mãe precisa, que a mãe se realiza para além dela, e por isso ela também pode se investir em outros objetos e objetivos.

Mais para a frente, espera-se que quem está exercendo a função paterna também faça o trabalho simbólico de mostrar o potencial da criança, incentivar seu desenvolvimento, apresentar-lhe as leis e dar-lhe reconhecimento para que ela tenha o ímpeto de crescer por meio de um olhar de admiração e interesse. Podemos dizer, então, de maneira simplista, que a função materna opera num nível de origem e cuidado inicial, e a paterna, de continuação e destino. Em alguns casos, ambas as funções podem ser desempenhadas pela mesma pessoa, como observamos nas mães solo, que fazem tanto a função de cuidagem inicial como a de acompanhamento do crescimento e apresentação do mundo.

Para se desenvolver bem, para criar um senso integrado de si, o bebê precisa primeiro ser bem "segurado" (com um colo amoroso, a intimidade da pele na pele, o balanço ritmado, a sustentação segura, o choro permitido, apoiado e cuidado, certa constância e estabilidade no atendimento das necessidades físicas e emocionais) e bem "manejado" (com carinho, afeto físico, toques não invasivos, respeito a seu corpo, risos, caretas, musiquinhas, tentativa de se comunicar com ele, sensibilidade ao movê-lo, desejo de que ele cresça e se desenvolva). Tudo isso vai tornando possível a integração do psiquismo no corpo, ou seja, o bebê vai se sentindo real, inteiro e separado do ambiente fora de si.

Winnicott diz que ele primeiro vai experimentando a integração espaço-temporal, ou seja, vai aos poucos se localizando no espaço-tempo, entendendo o que ele é e o que não é, e construindo a noção de dentro e fora, compreendendo estar seguro dentro do próprio corpo.

Uma pessoa emocionalmente devotada à criança deve também fazer a função de espelho para ela, que, ao não saber que é ela mesma, precisa se ver refletida com esperança nos olhos de quem cuida dela. Se essa pessoa reflete apenas os próprios medos, seus fantasmas internos, os próprios conflitos, angústias e traumas, e não os gestos, as necessidades e os humores do bebê, ele pode ter essa sensação de continuidade interrompida, e seus processos posteriores de desenvolvimento ficam "capengas". Para o bebê, não se ver no outro e não ser refletido de volta é se perder num vazio de angústias inomináveis, que podem desencadear depois uma sensação de "nunca mais": "Nunca mais ficarei bem, nunca mais me recuperarei, nunca mais terei amor".

A criança também precisa sentir que pode demonstrar seus impulsos agressivos e que a pessoa devotada a ela sobrevive a essa destrutividade sem retaliação ou mudança na forma de cuidar dela, fazendo nascer o embrião da culpa saudável e da reparação dos erros. Esse processo foi denominado por Winnicott de ciclo benigno – mais bem explanado em *Processos de amadurecimento e ambiente facilitador* e em *Da pediatria à psicanálise*. O psicanalista diz também que esse movimento ajuda a criança a perceber a permanência dos objetos externos, ou seja, a permanência das pessoas ao seu redor, quando internaliza o seguinte pensamento: "Se sobrevivem ao pior de mim, se permanecem ao meu lado depois de eu demonstrar meus impulsos mais agressivos, sinto que sou amado".

Um adulto que suporte nossas emoções difíceis e esteja lá

Quando a criança é agressiva ou mostra sua raiva, ela precisa sentir que o contrato de cuidado não muda, que ela não recebe desamor, punição, afastamento proposital. Ela precisa saber que não passou a ser vista como um monstro, e que seu cuidador permanece ali. Se a criança mostra a agressividade e o objeto permanece, ela pode sentir culpa e preocupações saudáveis, que serão o embrião da capacidade interna de reparação dos próprios erros e de inserção na cultura e na sociedade. Mas, para isso, precisa haver uma pessoa que "sobrevive" à agressividade dela.

De fato, não conseguimos suportar, no início da vida, um afastamento físico grande das figuras de apego. Podemos sentir a distância como aniquilação, porque dependemos dessas pessoas para nos mantermos vivos física e psiquicamente.

Na melhor das hipóteses, a pessoa que faz a função materna-ambiente vai apresentando a realidade ao bebê em doses homeopáticas e saindo de cena aos poucos, conforme a criança pode suportar, para que passe da dependência absoluta do recém-nascido à dependência relativa da criança maior, e assim por diante, rumo à independência (que na verdade é sempre uma interdependência, seres gregários que somos).

O que possibilita tanto a fusão emocional quanto essa "desilusão sustentada" é a conexão que a pessoa devotada tem com a criança, não os famosos manuais de "como fazer". A separação é tão importante quanto a fusão, e deve acontecer devagar, com a ajuda de um objeto transicional, que pode ser desde um ursinho ou um paninho a uma forma de mexer no próprio cabelo (um ritual), ou seja, um gesto de autorregulação que une o que está dentro e o que está fora da criança. Com essa ajuda, ela vai conseguindo se mover para além da dependência absoluta da mãe, tendo internalizado uma boa imagem de cuidados de quem faz essa função.

É numa repetitiva ciranda de observação, curiosidade, tentativa e erro que a relação vai se solidificando e que o psiquismo da criança vai se constituindo. Para isso, não há necessidade nenhuma de perfeição no cuidado nem da rigidez de manuais, mas apenas de um olhar cuidadoso e identificado com aquele ser e da determinação de estar lá para ele. Se mais de uma pessoa desempenhar essa função de maneira próxima e investida, melhor ainda!

Dessa maneira, a criança vai ganhando confiança no ambiente, vivenciando e elaborando a estabilidade e os contornos do próprio corpo, e criando uma sensação de continuidade de si, que será o embrião da sua capacidade de se sentir viva e inteira, de ser criativa, potente e espontânea quando adulta. Precisamos experienciar no corpo estabilidade, consistência e um olhar próximo, pessoalizado e que reflete o melhor de nós, sem retaliação quando o nosso pior lado vem à tona, para conseguir existir de forma inteira e contínua.

Ser bem manejados e segurados – com a complexidade e ao mesmo tempo a simplicidade contidas nesses gestos, pensamentos, ideias, sentimentos e atitudes – será o embrião da nossa autorregulação adulta. É por meio dessas ações que podemos crescer nos contendo a nós próprios, tendo limites, nos permitindo nuances, reparando nossos erros e aprendendo com eles. Dessa forma, crescemos sem sentir com tanta intensidade que nunca somos suficientes, que não temos limites, que nunca ficaremos bem, ou que a nossa raiva ou tristeza vai arruinar o outro, a nós mesmos ou as relações. Quando crianças, é pelo corpo e pelas relações que se transmite esse ensinamento afetivo que vamos levar conosco para a vida adulta.

Poder internalizar bem a castração

Todos esses movimentos necessários ao nosso amadurecimento foram explanados detalhadamente por Winnicott e permeiam toda a sua produção. Na melhor das hipóteses, acontecem antes do Édipo, fase do desenvolvimento infantil cunhada por Freud e baseada na tragédia grega de mesmo nome, bastante explicada no texto *A dissolução do complexo de Édipo*, mas encontrada em toda a obra do autor.

Resumidamente, o complexo de Édipo determina a posição da criança na família, por consequência apontando seu lugar esperado na sociedade. Ele produz na sexualidade infantil uma marca psíquica que só vai desabrochar genitalmente anos depois, por meio da participação da criança na cena do triângulo familiar. Saímos do Édipo com o superego – instância psíquica reguladora da moral e dos bons costumes – formado, mediante o complexo de castração.

Segundo Freud – que falava a partir da formação da família tradicional da época –, a criança percebe que o pai tem um órgão a mais que a mãe (o pênis) e entende que esta é a causa da diferença de poder dos dois. O menino, então, internaliza a castração pelo medo de perder o pênis que também tem, enquanto a menina internaliza a castração pela falta do pênis em si.

A menina entende que a mãe foi buscar com o pai (que seria o detentor do "poder", do "ter") o pênis que não tem e que esse pênis aparece para ela simbolicamente na forma do bebê, que o pai "dá" a ela. O pai é seu objeto de amor e admiração, é a pessoa de quem a menina espera receber alguma compensação por não ter um pênis, ou seja, o caminho para obter algum poder e reconhecimento. No entanto, o que ela internaliza na maioria* dos casos é a feminilidade, ou seja, o caminho para ser escolhida por um homem para ter um filho com ele.

Para o menino, o pai fica entre a mãe e ele, e a criança precisa descobrir um meio de ser amada pela mãe sem atrair a punição e o desamor do pai. Já que entende que o pênis é a razão do poder do pai, o menino conclui que o da mãe ainda não nasceu ou foi arrancado, presumindo então que seu próprio pênis pode ser perdido. Na impossibilidade de vencer o pai na "briga pela mãe", a maioria dos meninos se junta a ele, desistindo da tentativa de ser o único objeto de desejo da mãe e recebendo dele as regras da masculinidade, da virilidade e da dominação – que não são o poder em si, mas a tentativa de obtenção dele.

Shulamith Firestone, intelectual da segunda onda feminista, assim como Beauvoir, explica essa fase a partir de uma perspectiva de poder patriarcal, e não por meio da diferença natural entre os genitais, como Freud. Para ela, por volta dos cinco anos a menina percebe, na identificação com a mãe, que, assim como ela, não tem poder, já que é a mãe que cuida dela incondicionalmente, e não o pai. Começa a observar o poder do pai, o acesso ao mundo que é negado à mãe. Ela então rejeita a mãe, por ser repetitiva e familiar, e começa a identificar-se com o pai. Se ela tem

---

* Existem outras saídas esperadas do Édipo (que serão embrião para uma homossexualidade posterior, por exemplo) que não estou explorando aqui. O que acontece com a maioria das crianças tem a ver com a expectativa social colocada nelas, ou seja, com a moral social vigente, e com a maneira como as pessoas da família subjetivaram isto.

irmãos, isso fica ainda mais nítido, pois a menina vê que o irmão recebe mais permissão do pai para participar do seu mundo.

A partir de então, ela pode rejeitar tudo que a identifica com a mãe (psicologia do oprimido) e imitar tudo que vê o irmão fazer, o que segundo Firestone seria o embrião da *inveja do pênis* descrita por Freud. A menina só passa a se sentir castrada por causa do pênis que não tem porque antes já estava insatisfeita com sua condição, diz Beauvoir. Por isso, a maioria das meninas sente que precisará competir com a mãe pela atenção e pelos favores do pai, fantasiando que também precisa ter um bebê para ter algum valor. Isso corrobora a percepção de que, na sociedade em que vivemos, desde cedo a menina internaliza que a maternidade é o único caminho possível para a subjetivação.

Não é preciso que exista uma configuração tradicional de família para que a criança passe pelo Édipo e pela castração, porque a identificação e a escolha de objeto amoroso se dão via função (materna e paterna), e não via papéis definidos de mãe e pai. A criança entrará de todo jeito em contato com as dinâmicas de poder estabelecidas na sociedade, entrará em contato com as importantes diferenças entre seus principais cuidadores e terá contato com familiares e amigos que sejam de sexo diferente de seus dois pais ou de suas duas mães (ou ainda de seu pai ou mãe solo, ou outros cuidadores), internalizando as diferenças simbólicas entre os sexos, e, a partir de tudo isso, experienciará a dinâmica da castração.

A maneira como a criança experienciará o Édipo pode ser prejudicada se ela nem sequer chegar a se sentir inteira antes dessa fase, por conta do ambiente em que vive. Na falta de cuidados consistentes, a criança não atinge o ponto de se sentir integrada, e precisa formar uma máscara para se adaptar ao que o ambiente necessita dela, ou seja, não chega a sentir as experiências em primeira pessoa, vive sem se apropriar do que está vivendo e sem sentir autenticidade. É então que ela cria o falso *self* que já definimos, uma vivência através de uma persona fabricada: ela se separa de si, fazendo uma cisão psíquica para atender ao que os outros esperam dela e internalizando essas expectativas do ambiente como seu *eu*. Se os cuidadores não a sustentam, a criança desenvolve uma mente defensiva, pois a própria mente precisará ser o local em que se sente sustentada. Na verdade, porém, ela estará apenas se defendendo, sobrevivendo, e não vivendo.

Poder internalizar um orientador em vez de um carrasco

Quando a criança passa pelo Édipo, ela internaliza a voz do superego, ou seja, introjeta a parte mais coercitiva da educação que seus pais lhe deram e torna essa voz a sua, ou uma das suas. Essa voz passa a atuar dentro de sua consciência, e não mais por meio da figura concreta dos pais.

O superego pode ter gradações, dependendo da maneira como a criança foi educada e do nível de consciência de seus cuidadores em relação ao próprio potencial danoso. Assim, pode ser que internalizemos uma voz de orientação firme e segura, de proibições compatíveis com a realidade, ou pode ser que internalizemos uma voz carrasca, crítica, que precise nos humilhar e ofender para que "aprendamos", aprendizado que, efetivamente, não acontece na prática.

Muitos cuidadores só se dirigem à criança para criticá-la ou corrigi-la, o que não traz a sensação de presença, de cuidado, de interesse, de orientação segura e de ensinamento confiável, fazendo-a se sentir isolada, sozinha e incapaz, sensações que serão levadas para a vida adulta.

A repetição dessa correção feroz aparece nos momentos em que não nos sentimos à altura dos ideais criados pela sociedade e pela nossa família, nos momentos de mais estresse e conflitos, e quando erramos, e tenta nos fazer acreditar que somos realmente indignos e incapazes.

Provisão emocional

Os cuidadores aprendem que o emocional não importa, que sentimentos são coisas de fracotes e que as crianças só precisam de provisão física e concreta. Infelizmente eles são informados a todo momento da separação cartesiana entre corpo e mente, entendendo que o corpo é tangível, portanto, mais importante, e que seu principal trabalho deve ser evitar o perecimento e a morte desse corpo. Muitos cuidadores não sabem, ainda que pressintam – já que provavelmente eles próprios vivenciaram essas faltas na infância –, que também se pode morrer por dentro. De fato, num mundo onde as pessoas precisam lutar pelo básico da sobrevivência, conseguir prover as crianças de comida, escola, roupas e teto é um grande feito, mas está longe de ser o suficiente. Somos seres de afeto e relação, e não sobrevivemos psiquicamente sem isso.

Um episódio catastrófico da história escancarou isso da pior maneira possível: ao fim do regime ditatorial de Nicolae Ceaușescu na Romênia, em 1989, havia mais de 170 mil crianças órfãs e abandonadas, morando em instituições que não davam conta do cuidado adequado delas. Muitas tiveram apenas suas necessidades físicas básicas atendidas no primeiro ano de vida (alimento, um teto, alguma segurança), mas não contato humano de qualidade, colo, afeto, olhar personalizado ou alguém que desejasse sua companhia. Depois de alguns anos mostrou-se que essas crianças ainda sofriam de dificuldades sérias de aprendizagem e linguagem, com grandes problemas relacionais. Muitas chegaram a adoecer gravemente, e algumas faleceram.

Partindo para um entendimento mais biológico do tema, quanto mais recebemos afeto físico e verbal, apoio, acolhimento e incentivo na infância, em vez de afastamento, críticas, punição e violência, mais oxitocina é liberada no nosso cérebro, e o cérebro reage a essa sensação de segurança desenvolvendo mais receptores para o cortisol, hormônio associado ao estresse. Um cérebro bem abastecido de receptores terá maior capacidade de absorver esse hormônio quando ele for liberado no futuro, ou seja, seremos capazes de parar de produzir cortisol quando ele já tiver nos ajudado a lidar com a fonte de estresse, e a resposta ao estresse será desligada quando não for mais necessária.

Dessa forma, não precisaremos ficar reativos e hiperalertas a todo momento e poderemos sentir que estamos vivendo, não apenas nos defendendo. Níveis mais altos de cortisol prejudicam o sistema imunológico (provocando diversas doenças) e matam células do hipocampo. Um hipocampo reduzido, por sua vez, pode fazer com que tenhamos menor capacidade de lidar com o estresse, prejudicando inclusive nosso aprendizado, nossa criatividade e nossa autenticidade, porque estaremos focados apenas em sobreviver às situações estressantes.

Crianças também precisam que a confiança dos adultos seja dada desde o princípio, ou seja, precisam que não seja necessário batalhar por ela e se provar a todo momento. Isso não quer dizer que os adultos devam ignorar todo tipo de quebra de trato ou que não devam orientar as crianças a respeito de possíveis deslizes, mas sim que devem confiar na criança *a priori* e entender suas intenções, mesmo que seus atos sejam inadequados, impulsivos ou estabanados.

Limites éticos

Se o afeto e a confiança são imprescindíveis para a criança formar o vínculo com os cuidadores e criar uma vida interior autêntica, relacional e criativa, os limites éticos também são. Ela precisa sentir que tem bordas, que os cuidadores não têm medo dela e de suas reações e não estão se abstendo de educá-la porque temem traumatizá-la ou ser rejeitados por ela. Os limites empáticos transmitem a ideia de que a criança pode e deve sentir todos os sentimentos que se apresentarem, mas nem tudo pode ser expresso de uma maneira que machuque os outros ou a si. Um dos grandes problemas do limite é que ele quase sempre é confundido com uma postura agressiva contra a criança. Os limites podem muito bem ser estabelecidos com o adulto estando ciente das dificuldades das crianças em aceitá-los e cumpri-los, mas sem querer que elas se deem mal ou sejam punidas por puro prazer sádico ou vingança.

A psicanálise do cuidado afirma que a criança precisa internalizar a ética, não apenas a lei. Essa ética será internalizada conforme a própria criança for sendo respeitada em seus processos maturacionais e emocionais, se não o tempo todo, pelo menos na maior parte das vezes. Um exemplo disso é ensinarmos à criança como suas ações impactam o outro, em vez de apenas puni-la por ter feito algo inadequado para alguém.

O limite que precisamos receber na infância para que aprendamos a sentir nosso próprio espaço e o dos outros é como as margens de um rio, um contorno às águas das nossas pulsões, e não como uma barragem, um violento baque que paralisa nossa energia vital. Ele precisa ser firme sem ser violento e pode ser flexível, para ir se adequando à maturidade e à autonomia da criança. Limites adaptativos se baseiam no amor e na segurança e têm o objetivo de ensinar, e não de punir e se vingar.

A prática da autonomia

Além do limite, também é necessária a autonomia, por meio da qual vamos aprendendo a fazer escolhas e a nos responsabilizar por elas, a sentir que temos capacidade de decidir por nós e que podemos confiar em nós mesmos, já que os cuidadores confiam.

A autonomia também envolve a possibilidade de falar de si, do que acontece no mundo interior, do que se sente, do que traz raiva e desconforto. A criança pode internalizar isso assistindo aos cuidadores falando de si e aprendendo a não se comunicar somente na base da briga, da projeção, da explosão.

Precisamos de cuidadores que não queiram depositar em nós seus conhecimentos de forma bancária, como bem alerta Paulo Freire: todos aprendem no processo, e a criança precisa presenciar seus cuidadores sem ser os donos da verdade, se responsabilizando por seus erros e potenciais danos, não paralisando diante de suas próprias vergonhas, angústias e culpas.

Vulnerabilidade normalizada

Em uma sociedade patriarcal e capitalista, os modos de sentir são cooptados pela definição de força e fraqueza feita pela narrativa vigente. Nesse contexto, abraçar a própria vulnerabilidade, assumir os erros e se humanizar significa ser "fraco" e perder poder, mas é exatamente essa vulnerabilidade que ensina e aproxima, trazendo intimidade emocional.

Nossos cuidadores muitas vezes esperaram a própria vez de poder oprimir da mesma maneira como foram oprimidos, para assim transbordar suas dores, como ensina Freire a partir da dinâmica oprimido-opressor. Isso tudo está muito longe do que uma criança precisa para crescer podendo reconhecer suas próprias incapacidades, faltas e impossibilidades sem colapsar.

Frustrações naturais

Também é importante para o bom desenvolvimento do psiquismo que a criança seja apoiada quando frustrações naturais acontecerem e que não seja impedida de atravessar esse sentimento, nem por meio da permissividade (sendo livrada de propósito do sofrimento natural), nem por meio da agressividade violenta (sendo punida de propósito por resistir ao sofrimento natural). É essencial que ela experiencie na pele a sensação de passar por uma decepção ou frustração e sair inteira dela, ou seja, a criança deve perceber que ganhou algo também. Quando somos apoiados, sentimos que ganhamos alguma coisa, sejam recursos novos para lidar com nossas próprias emoções difíceis, seja um lugar interno de apoio construído em cima do apoio concreto dos cuidadores.

Justiça

A criança precisa ter provisões físicas e materiais suficientes para viver, e precisa que seus cuidadores tenham a mente minimamente tranquila a respeito de poder ou não alimentar e prover seus filhos. É óbvio que essa é uma tarefa social, que envolve a modificação de toda a estrutura capitalista e patriarcal – que gera escassez e medo –, e não apenas uma tarefa individual dos cuidadores, que podem dar seu melhor sem que isso seja o bastante.

Do lado emocional, a justiça dentro do lar engloba o tratamento entre os irmãos: que não haja tanta diferença concreta na maneira dos pais de lidar com os filhos, que os direitos e deveres sejam iguais para crianças de sexos diferentes, que as regras para crianças de idades diferentes sejam claras e pautadas em proteção aos seus direitos, que não haja preferência direta e triangulação contra um dos filhos.

É preciso que os cuidadores se empenhem com a mesma energia nos cuidados e nas tarefas domésticas, independentemente de seu sexo, dando o exemplo de justiça equalitária para as crianças. É necessário que consigam pensar juntos no que é justo diante dos conflitos, acordos e resoluções para a vida das crianças.

Honestidade

Nossos cuidadores aprenderam que podiam mentir para os filhos se tivessem boas intenções, como protegê-los ou ensinar algo a eles. Hoje sabemos que a mentira, mesmo com ótimas intenções, tem o potencial de minar a confiança, causar insegurança e provocar diversos outros problemas que prejudicam a relação entre cuidador e criança.

É preciso que se saiba dosar as palavras e mediar a verdade de maneira a abarcar o que a criança pode entender, sem invadir demais seu mundo infantil, ou deixá-la presa a fantasias e hipóteses que nunca acontecerão. Há uma linha muito tênue separando a verdade invasiva da verdade digerível, e os cuidadores precisam estar em sintonia o suficiente com as crianças para saber diferenciar as duas nas situações que surgirem.

Constância

A constância não é indispensável apenas nas rotinas físicas do cuidado (sono, comida, escola), mas principalmente no atendimento das necessidades emocionais. O afeto precisa estar disponível como o alimento físico: sem racionamento, todos os dias. Os cuidadores devem sempre pensar em como demonstrá-lo fortalecendo a criança, para que cresça provisionada, com uma sensação interna de que merece apoio, reconhecimento e atenção e de que é digna de amor – ou seja, para que ela cresça nutrida.

A constância também engloba certa previsibilidade e estabilidade nos humores e nas reações dos cuidadores, para que a criança não precise viver em eterno estado de alerta, tentando prever se os comportamentos deles lhe farão mal ou não.

Complexificação da vida

Como podemos perceber, nossas necessidades físicas e emocionais de segurança, suporte e manejo ganham mais nuances conforme crescemos. A complexificação da vida vai exigir mais dos cuidadores, e é preciso pontuar que é natural que as pessoas do grupo familiar não consigam prover tudo de que a criança precisa à medida que os anos passam: é assim que ela começa a se aventurar em direção ao mundo, às próprias convicções, aos próprios desejos e a outras pessoas. Dentro de uma noção suficientemente boa de cuidados iniciais e de relações familiares mais saudáveis, precisa existir a falta, o não todo.

Apesar de esse distanciamento ser um caminho natural, mesmo o cuidado físico e emocional necessário nos primeiros anos de vida da criança já poderia ser dividido com o pai ou com quem faz essa função, mas infelizmente recai em grande parte nas costas apenas da mulher. De fato, na primeiríssima infância, a pessoa que assume os cuidados mais diretos precisará ser sustentada física e emocionalmente por alguém próximo – que possa interditar a voracidade desse vínculo para que ninguém seja engolido por ele – e ser amparada por outras pessoas da família, pela comunidade, pelas leis e pelas instituições, como bem pontua Winnicott em *A criança e o seu mundo*.

Se nossa sociedade tivesse foco no cuidado e no bem viver, e não no poder e no lucro, poderíamos conseguir na prática a aldeia de que tanto necessitamos ao trazer ao mundo um ser humano. O cuidado precisa começar a ser socializado, porque as mulheres continuam adoecidas, oprimidas, sobrecarregadas, realizando esse e muitos outros trabalhos, e é impossível que consigam fazer todos sem tombar, sem adoecer e sem causar dano. Porém, como socializar democraticamente o cuidado num mundo no qual os homens são ensinados a dominar, objetificar e desumanizar todos aqueles que lhes foram apresentados como inferiores? É uma pergunta importante e que quero demarcar com muita veemência, porque essas dinâmicas têm consequências importantes na criação e na educação de pequenos seres humanos.

O dilema do porco-espinho: entre a necessidade da proximidade e o perigo do vínculo

Se quem nos cuida fisicamente tem tamanho potencial de nos machucar emocionalmente, como sobreviver a tantas feridas?

Em 1851, o filósofo alemão Arthur Schopenhauer escreveu a parábola do porco-espinho, que, apesar de constituir apenas um parágrafo dentro de um dos seus livros, se tornou famosa, sendo utilizada também por Freud na sua análise da psicologia dos grupos. Quis inseri-la nesta leitura por ser uma história que, de forma bastante ilustrativa, descortina muito bem o dilema do puxa-empurra das relações humanas.

A metáfora fala de um grupo de porcos-espinhos que se amontoaram buscando calor no inverno, mas que, devido à proximidade, começaram a se machucar mutuamente com seus espinhos, sendo obrigados a se afastar. O frio continuava fazendo com que desejassem se reunir, apenas para perceberem que precisavam de novo se afastar por estarem se ferindo. Eles descobriram, depois de algumas repetições, que poderiam manter certa distância uns dos outros sem perderem tanto calor.

Se é dentro da família que precisamos desse primeiro colo, desse calor, desse olhar, também é ali que descobrimos a necessidade de espaço para construir quem somos, para caminhar rumo à independência e para não nos ferirmos gravemente entre nós.

O vínculo pode se fazer (e ser significado como) inseguro quando, na nossa formação, se torna invasivo demais, ou quando não consegue nos dar o mínimo de que precisamos para nos sentirmos emocionalmente alimentados, integrados e vivos. Também pode ser internalizado como perigoso quando sentimos que devemos ignorar e esconder nossas necessidades para continuarmos sendo amados, ou minimamente vistos e reconhecidos.

Pode ser sentido como ameaçador, insuficiente ou perigoso quando os papéis familiares se invertem ou ficam borrados e as crianças precisam ocupar o lugar de parceiros, terapeutas, salvadores, consertadores e companheiros de dor dos cuidadores, ou seja, preenchem funções que não deveriam ser desempenhadas por elas. O mesmo pode acontecer quando os cuidadores compartilham com as crianças informações que não são apropriadas para a idade, a capacidade ou o nível de desenvolvimento maturacional delas.

O potencial positivo do vínculo também diminui quando há indistinção de onde uma pessoa começa e outra acaba, transformando os problemas de um em problemas de todos, ou seja: quando as pessoas se sentem completamente impelidas a resolver as questões e crises de um único membro da família, dificultando que vivam sua própria vida e mantenham certo grau de autonomia, impedindo o corpo e o psiquismo de se dedicarem ao processo de desenvolvimento.

O potencial positivo do vínculo também pode esmorecer quando a opinião e o interesse de um precisam ser a opinião e o interesse de todos do grupo, e as pessoas sentem que devem silenciar ou esconder as próprias crenças e maneiras de viver para serem vistas, aceitas e amadas. O emaranhamento que a princípio pode parecer união também é capaz de causar apagamento e a sensação de que se pode ser punido com desamor e rejeição caso se ouse pensar e agir como realmente se deseja.

O mesmo pode acontecer quando as crianças são ofendidas, ridicularizadas, punidas ou ignoradas por serem diferentes do que a família é ou espera que elas sejam, quando fogem do papel designado a si ou quando têm comportamentos desafiadores. Quando o afeto e a presença construtiva e íntima são escassos, regulados, racionados e usados como moeda de troca ou como reforço de comportamentos esperados, quando as pessoas se relacionam por meio de deveres, e não do desejo de estarem e crescerem juntas, o vínculo familiar tem o potencial de ferir gravemente.

O vínculo também pode ser sentido como intrusivo quando os cuidadores não permitem que os filhos tenham privacidade, quando há vigilância excessiva e clima de escrutínio e desconfiança, e quando a criança precisa provar para o adulto que é digna de confiança, sem que a confiança nas suas intenções seja dada *a priori*. Quando os adultos não entendem as necessidades por trás das ações das crianças, acabam plantando nelas a semente do "fruto ruim" em virtude da desconfiança e das críticas, e elas podem crescer acreditando nisso, germinando essa mesma semente da desconfiança em si que o vínculo quebrado plantou.

O vínculo também pode ser internalizado como perigoso quando há invalidação de sentimentos e de verdades da criança e negação de situações comprometedoras, perigosas ou criminosas, para que se mantenha uma fachada de normalidade no grupo.

Em suma, o vínculo pode se tornar um emaranhamento ou um enredamento invasivo que leva à dificuldade de crescer e amadurecer, enquanto na outra ponta do espectro o afastamento precoce e a negligência levam a uma individualidade vazia e evitativa. É nessa corda bamba que nosso psiquismo será forjado, no fino equilíbrio entre a nossa autonomia e a devoção a quem cuida de nós, para que sejamos vistos e amados.

Em seus estudos com adolescentes, Winnicott diz que uma de nossas tendências naturais seria a de "nos expandir" para fora da família, para a cultura, enquanto outra tendência trabalha na direção de retomar a relação com o pai e a mãe, ou seja, de voltar ao centro ou ao início, se esse retorno for suficientemente seguro, para um ambiente suficientemente bom. A família é um ambiente confiável quando se pode tornar esse porto seguro.

Famílias com dinâmica mais para o lado saudável

Não existe o que podemos chamar de ideal de família saudável. Na verdade, podemos falar em família *mais* para o lado saudável, que consegue ser menos apegada em manuais e em ideais, e mais flexível em suas funções, criando os próprios objetivos como grupo, revendo o que precisa ser revisto, construindo um caminho que não seja pré-fabricado.

A família mais para o lado saudável constrói suas condutas de maneira muito única e própria, mesmo que cheia de erros –

que absolutamente fazem parte do processo e não são nenhum desvio da rota –, baseando-se na forma como todos se sentem naquele ambiente, não priorizando uma pessoa em detrimento das outras nem se apoiando num formato único de composição.

São, em geral, grupos em que os adultos conseguem perceber, minimizar ou contrapor influências culturais e reconhecer minimamente o próprio adoecimento, ou seja, os danos que causam em si e nos mais vulneráveis da turma. O amor construtivo e a conexão sobrevivem como uma nova aposta dentro de famílias com pais e mães que conseguem olhar para o próprio potencial destrutivo e nomear os padrões adoecidos da cultura atuando em si, podendo fazer algo menos danoso com tudo isso.

É importante frisar que uso os termos pai e mãe de forma ilustrativa, me referindo a quaisquer pessoas que estejam ocupando as funções mais próximas com as crianças e adolescentes. Lembro também que as definições de saudável ou adoecido não são universais, mas as utilizo com o objetivo de descrever o potencial de adversidades e danos daquele sistema familiar.

A seguir, quero trazer algumas características que vi em famílias mais saudáveis na minha prática, advertindo que nada disso garante filhos sem traumas, vida sem sofrimento e sucesso infinito; são apenas fantasias e ideais. O que a família mais saudável cria para seus membros mais vulneráveis é a possibilidade de eles terem um lugar ao qual retornar, tanto de forma simbólica – porque internalizaram uma autoimagem digna de cuidados e afeto, além de uma sensação de confiança em si e na própria capacidade de criar vínculos – quanto de forma concreta – porque sabem ter refúgio e apoio nos tempos difíceis. Muitas famílias mais saudáveis não são consideradas tradicionais, mas têm formações diversas e flexíveis.

Nas famílias mais saudáveis, existe um grande contraponto ao *fingimento* e ao *apagamento*, duas características culturais extremamente presentes em famílias com dinâmicas disfuncionais, as quais vamos aprofundar no próximo capítulo.

Percebo que, no lado mais saudável das famílias, os cuidadores não estão completamente imersos em papéis sexuais fixos, ou seja, não atuam sempre como o machão e a princesa a ser escolhida, ou como a princesa e a fera que ela deve beijar e transformar em príncipe. Conseguem minimamente perceber as forças externas das socializações masculina e feminina e fazer alguma oposição a elas, por exemplo: o homem faz tarefas domésticas e assume sua parte no cuidado dos filhos, nota e reconhece a violência que carrega nas suas formas de se relacionar e tenta outras maneiras de comunicar suas dificuldades; a mulher aposta na própria autonomia e capacidade, não depende tanto da aprovação dos outros para existir, consegue decepcionar sem colapsar e não se apoia excessivamente na aparência – que em última instância é perecível – para obter senso de valor próprio.

Essas famílias não se relacionam tanto por meio de títulos, mas mais apoiadas nas subjetividades, ou seja, há interesse em conhecer o outro. As relações nessas famílias são menos rígidas do que os papéis exigem e do que a sociedade aponta como o correto, com máximas como "um bom pai tem que reprimir a sexualidade da filha", ou "uma boa mãe tem que estar sempre disponível e se sacrificando". Esses cuidadores conseguem encontrar formas mais autorais de educar e de se conectar mutuamente.

Quando os componentes da família falam de experiências difíceis que viveram ou vivem, há aceitação, e os adultos acreditam nas crianças e nos adolescentes em grande parte das vezes, em vez de silenciá-los, invalidá-los ou negar a realidade deles. Não existe a cultura do filho devedor ou ingrato que precisa se adequar ao que os cuidadores querem para ele e se tornar um espelho do seu desejo, ou seja, os cuidadores conseguem lidar minimamente com decepções e não se sentem tão ameaçados pelo sucesso dos filhos.

Nas famílias mais saudáveis, os adultos conseguem aceitar boa parte da própria vulnerabilidade, podendo assim aceitá-la melhor nas crianças e nos adolescentes, sem precisar recorrer tanto a críticas, repressões, exigências e invalidações para controlar emoções difíceis. Esses adultos são capazes de identificar quando estão se exigindo demais e tratando a si mesmos de maneira autoritária e crítica, por isso conseguem perceber quando estão fazendo o mesmo com os filhos.

A proximidade física não é repelida nem demonstrada com violência: colo, abraços e toques para aproximar, acalmar ou comemorar não são negados nem vistos como fraqueza ou sinal de sentimentalismo, e os corpos não se unem em situações agressivas, como palmadas, empurrões e beliscões. O afeto não é usado apenas como moeda de troca ou racionado de propósito.

Nessas famílias, há limites ao que a criança presencia, como a sexualidade explícita dos adultos, brigas explosivas, uso de substâncias ou adoecimentos graves. Os avós não são mantidos em pedestais, e essa relação tem limitações saudáveis.

Os cuidadores não têm um ideal tão rígido do que chamam de sucesso e não o impõem aos mais vulneráveis, não comparam a todo momento as crianças ou adolescentes entre si ou com os demais. Eles não se sentem tão responsáveis por salvar as crianças ou adolescentes, conseguem confiar que os filhos poderão encontrar saídas na própria vivência, com sua ajuda e orientação. Os rótulos que as crianças ou adolescentes recebem da família não são desumanizadores nem tão fixos, variando com o tempo, e existe alguma liberdade para questioná-los, ainda que haja conflitos. A vergonha não é usada para manipular comportamentos ou calar conversas difíceis com grande frequência.

As brigas e explosões dentro dessas famílias são pouco constantes, e depois delas existe algum tipo de remorso, responsabilização e reparação de danos: o clima-base é previsível, ou seja, as crianças ou os adolescentes não precisam ficar sempre em alerta, nem sempre dissociar para não estarem presentes, assim como não precisam crescer antes da hora para dar conta da imaturidade dos pais, nem fugir, nem se fazer de mais danificados para tirar o foco do dano dos pais. Há alguma tentativa de agir melhor na próxima vez.

Uma visão positiva das coisas coexiste com os medos, conflitos e preocupações normais, ou seja, elogios e reconhecimentos são proferidos às pessoas da família e às de fora, e o grupo tem conversas que não giram apenas em torno dos defeitos, problemas e dificuldades alheias, nem se apoiam somente em cinismo, sarcasmo e deboche. Risos e brincadeiras estão presentes. Há uma abertura para amigos e comunidade, em vez de fechamento e isolamento ou de terceirização total do cuidado.

A triangulação, ou seja, a manipulação, os segredos, as conversas laterais e a comunicação passivo-agressiva não são tão constantes entre os membros da família. A mãe tem apoio do pai ou de outras pessoas, e a criança não é tão pressionada a ser a facilitadora, a terapeuta, a parceira de dor, a continuação melhorada ou a salvadora dela (importante dizer que esse apoio à mãe é uma conquista mais social do que pessoal, por isso ainda é uma exceção).

As exigências às crianças são flexíveis, de acordo com as habilidades que demonstram, os períodos que estejam vivendo e as limitações biológicas e desenvolvimentistas delas: elas não precisam construir uma imagem de vencedoras perfeitas para compensar possíveis problemas na dinâmica familiar, nem para que os pais se sintam valorizados ou sintam que sua história foi finalmente consertada. Os erros não são tão reprimidos e se consegue aprender com eles.

Não há uma pessoa só controlando o clima da casa toda: todos os familiares podem ter opiniões divergentes e demonstrá-las sem risco à relação, pois divergências não são vistas como sinal de rejeição ou abandono, e conseguem ser acomodadas à dinâmica do dia a dia sem tanta pressão, punição ou censura.

Em geral, nessas famílias há regras definidas, e todos se esforçam para cumpri-las, inclusive ajudando as crianças a respeitar os limites que os adultos colocam. As regras são flexibilizadas quando necessário. Os adultos, na maioria das vezes, não negam os problemas trazidos, não invalidam pedidos justos e tentam trabalhar em partes de si que podem machucar os outros membros da família, aprendendo no processo.

Questões familiares importantes podem ser jogadas para baixo do tapete, mas em algum momento são discutidas e manejadas pelos adultos, que não negam suas responsabilidades materiais e emocionais diante das crianças e conseguem manter promessas significativas feitas a elas.

Os adultos da família mais saudável não costumam competir entre si pelo amor da criança ou do adolescente, nem se unir contra eles. Também não usam as crianças ou os adolescentes para satisfazer seus desejos afetivo-sexuais.

Em suma, os adultos conseguem perceber e validar as necessidades das crianças e dos adolescentes em boa parte do tempo, e isso não quer dizer que têm uma atuação perfeita, porque são feitos de carne e osso. São cuidadores que, utilizando sua identificação com as crianças, conseguem construir uma relação próxima mesmo cometendo erros e apresentando falhas, e assim constroem uma rota segura enquanto caminham juntos. É importante repetir que não existem garantias: uma família pode ter tudo isso e as pessoas ainda saírem machucadas ou traumatizadas, porque o trauma é sempre multifatorial, e o machucado é sempre individual.

De fato, alguns traumas são formativos, e não escaparemos deles, como quando percebemos que não podemos ter tudo sempre (castração) e quando nos damos conta de que não somos tudo para nossa mãe, que ela tem outros interesses e amores. Também existe o trauma de não poder mais voltar para o útero, ou seja, para a impressão de completude; o trauma de não ter nunca mais a sensação da primeira mamada no seio; o trauma de perceber que o amor dos pais não é incondicional, que é falho (mas mesmo assim pode ser suficiente, é importante dizer); o trauma de experimentar a própria sexualidade, que não pode ser vivida em todo o seu potencial porque fomos civilizados. Cada um de nós vai senti-los à sua maneira, mas precisamos dessas perdas para poder ganhar outras coisas.

Mesmo uma família mais saudável provocará feridas e marcas nos filhos. Cada filho suscitará um lado diferente de cada cuidador e trará à tona uma repetição adoecida, um mecanismo de defesa prejudicial ou uma identificação narcísica. Nada disso significa que há mais amor a um filho do que a outro, apenas que aquele pai ou aquela mãe foram capturados de maneira diferente por cada criança. Mas essa consciência também não pode invalidar a dor de ter se sentido preterido ou negligenciado: essa dor precisa ser reconhecida e externada.

Segundo o psicanalista húngaro Sándor Ferenczi, em "Análise de crianças com adultos" e "Reflexões sobre o trauma", o trauma aparece quando num primeiro momento a criança é submetida à hiper ou hipoestimulação do ambiente (invasão ou negligência), e num segundo momento tenta obter reparação, reconforto ou compreensão por parte dos adultos, os quais, sob a pressão dos seus próprios sentimentos de culpa, negam ter participado do que causaram. A criança é então deixada sozinha com seus grandes medos e dores, e a invalidação posterior faz as primeiras situações ficarem ainda mais marcadas no seu psiquismo. Ou seja, tão ou mais importante do que o que fizeram conosco é como posteriormente lidamos com o que fizeram conosco.

De maneira abrangente, podemos então dizer que o trauma não é apenas o que aconteceu conosco, mas principalmente o modo como internalizamos, significamos e sentimos o que aconteceu conosco e o que houve depois do ocorrido.

Assim, nossos cuidadores não poderiam ter evitado todos os traumas que vivemos, mas isso de maneira nenhuma deve impedir que falemos do que experienciamos, que possamos digerir melhor nossa história e que possamos nos responsabilizar por providenciar a nós mesmos uma vida mais autêntica e verdadeira e menos voltada à validação do outro. Também não deve nos impedir de expor mecanismos violentos que trazem dor, para que todos, como sociedade, possamos construir modelos menos danosos em contraponto aos que nos foram impostos.

Pela minha experiência, quanto mais os adultos do sistema familiar tiverem consciência dos seus próprios sofrimentos e limitações e quanto mais puderem falar deles, recebendo apoio, e não julgamento e vergonha, menos perigo oferecerão aos mais vulneráveis e mais abertos estarão a construir relações sólidas, profundas e íntegras.

Tipos de conexão e medo da conexão

As conexões humanas que mais trazem bem-estar aos envolvidos são aquelas que não são pautadas apenas por obrigação, culpa, dever ou dependência, mas sim por desejo: de estar perto, de conhecer, de dividir, de apoiar, de trocar e de cuidar.

Infelizmente – ou felizmente, do ponto de vista da evolução –, crianças não podem fazer escolhas relacionais a partir do desejo, porque na família elas ocupam uma posição de dependência e inexperiência, que se traduzem pela precariedade de seus recursos psíquicos. Em outras palavras, crianças precisam de boas conexões justamente porque não podem escolher quem fará esse cuidado inicial; dependem da boa vontade, da disposição e dos recursos dos adultos ao seu redor. O amor construtivo de adultos cuidadores por suas crianças é aquele que fica quando as expectativas da criança ideal caem por terra, e é exatamente aí que começa a nascer a conexão, o laço, o vínculo afetivo entre eles: a partir do desejo. O amor nunca deixa de ser uma aposta, um "dar algo que não sabemos se realmente temos", por isso mesmo é uma construção diária. É preciso dizer que o "ódio vital" descrito por Michèle Benhaïm também é importante: aquele que não domina nem violenta, mas pode impulsionar a pessoa a se individuar, a frustrar quando precisa frustrar, a buscar o que deve ser buscado, a colocar limites éticos e necessários. O ódio vital e não adoecido é essencial para que o amor parental não devore os filhos nem os prenda numa busca de unidade e completude eternas, e é o outro lado da moeda desse amor ambivalente.

Nossas principais necessidades emocionais na infância são afeto (o amor ambivalente, o carinho, o toque físico, a sustentação, o manejo), atenção (espelhamento dos humores, validação dos sentimentos, prazer na presença, busca de interesses mútuos, orientação e apoio) e confiança (desejo de que cresçamos e sejamos autênticos, crença de que não somos ruins por natureza). Podemos dizer que essa tríade é a base do apego seguro. Segundo a teoria do apego, quando essas necessidades são supridas na maior parte do tempo, tendemos a tolerar bem todas as outras frustrações da vida.

A criança nasce com o instinto biológico de se apegar, mesmo a cuidadores distantes. A psicóloga norte-americana Mary Ainsworth liderou o experimento que ficou conhecido como "situação estranha", na tentativa de categorizar as diferentes formas de apego emocional. Na experiência, os bebês eram deixados sozinhos por um tempo, e, quando as mães voltavam, havia algumas reações diferentes: os que estavam dentro do padrão de apego considerado seguro ficavam irritados quando a figura de apego saía, mas voltavam a interagir com ela quando retornava, retomando a brincadeira.

Os que estavam dentro do padrão de apego inseguro ansioso ou ambivalente, por sua vez, ficavam mais exigentes (chamavam atenção para si, choravam, agarravam seus cuidadores e berravam) e se consolavam pouco com a volta da figura de apego, não apreciando sua companhia, mas focando nela de maneira furiosa ou carente, sem se importar com a brincadeira.

Já os que estavam dentro do padrão de apego inseguro evitativo ficavam apáticos e ignoravam o retorno da figura de apego, mas seu padrão fisiológico de batimentos cardíacos ficava alterado. Eram casos em que a figura de apego não dava muito colo ou afeto físico.

Por último, os que estavam dentro do padrão de apego desorganizado eram incapazes de decidir como se relacionar, porque os cuidadores lhes provocavam angústia ou terror, medo sem solução. Olhavam para a figura de apego, mas desviavam o olhar, davam atenção para outras pessoas, tinham reações diversas. As cientistas entenderam que esse comportamento poderia ser causado por abusos diretos à criança, mas também por pais com traumas próprios e histórias de vida complexas, pela morte de pais ou irmãos, pela violência doméstica, ou por mães frágeis e desamparadas socialmente, que desejavam que os filhos a confortassem. De todo modo, formava-se um ciclo danoso: quanto mais a criança ficava resistente, mais a figura de apego se tornava distante.

Dentro de limites, as crianças aprendem com cuidadores bons que ausências e ligações rompidas podem ser reparadas. Já se a figura de apego falha repetidas vezes na tentativa de acalmar a criança e criar uma interação prazerosa com ela, começa a tratá-la como difícil e a se achar incompetente, desistindo de encontrar outras maneiras de se relacionar com o filho e suprir suas necessidades físicas, o que gera um ciclo destrutivo.

Sem o vínculo, uma família não pode existir, porque não estarão presentes nem sua autoridade natural nem a orientação que deveria prestar aos mais vulneráveis, segundo o psicólogo canadense Gordon Neufeld e o médico húngaro Gabor Maté. A família teria então o papel de bússola que aponta para o polo Norte, o ponto de referência que saciaria nosso desejo de saber onde estamos, quem somos, o que é real, por que as coisas acontecem, o que é bom e qual é o significado das coisas. A falta disso geraria o vazio de orientação que ninguém suporta. O vínculo permite que a criança pegue uma carona com os adultos, que são mais capazes de lhe dar essa orientação segura.

O vínculo é uma ligação a ser buscada, não uma técnica de mudança de comportamento a ser aprendida. Ele facilita o ato de orientar e educar, segundo Neufeld e Maté, porque, se estiver forte, os exemplos virão naturalmente das reações, dos valores, das mensagens e dos gostos dos cuidadores: a criança vinculada busca sinais quanto ao que é esperado dela de maneira espontânea. O vínculo faz com que a criança queira ser boa para os cuidadores, porque essa consciência a protege de rupturas no elo, ou seja, da angústia da separação.

Os autores, amparados pela obra do psicólogo e psiquiatra John Bowlby, apresentam os seis estágios de vinculação/apego que podemos formar:

1. Sentidos/proximidade física (cheiro, visão, audição, toque): quanto menos madura a pessoa for, mais ela se

apoiará nesse tipo, que na verdade desaparece, porque o vínculo também é primitivo;

2. Uniformidade/identificação ou rivalidade: esse tipo de vínculo faz parte do processo de aprendizagem da linguagem e transmissão da cultura. Identificar-se é como se tornar aquela pessoa;

3. Posse e lealdade: ficar próximo de alguém é como achar que aquela pessoa lhe pertence. Esse tipo de vínculo traz ciúmes e estimula os segredos;

4. Importância: agradar ao outro e ser aceito, sentir que faz a diferença para alguém, considerar "legal" quem é "legal" consigo, mesmo que a pessoa tenha atitudes reprováveis;

5. Sentimento/intimidade emocional: a emoção está sempre envolvida no vínculo, mas a busca por intimidade emocional é muito importante. Se o vínculo por sentidos é o caminho mais curto para desenvolver um relacionamento íntimo, o amor é o caminho mais longo e o mais seguro. Significa poder carregar a imagem dos pais na mente e encontrar nisso apoio e conforto, oferecer o próprio coração para alguém e se vulnerabilizar. Quem deu seu coração e foi desapontado encontra conforto em vínculos menos vulneráveis;

6. Ser conhecido: é uma recapitulação do vínculo por meio dos sentidos, mas agora ser visto e ouvido são sensações mais psicológicas que físicas. É o tipo mais raro de vínculo, porque denota o compartilhamento de preocupações e inseguranças mais profundas. Ao mesmo tempo, não há sensação melhor do que poder mostrar suas profundezas e vulnerabilidades e ainda assim se sentir querido, bem-vindo, aceito.

Quando o desenvolvimento acontece de maneira saudável, essas seis maneiras de se vincular se entrelaçam de modo a preservar a proximidade mesmo sob circunstâncias difíceis. O vínculo com os cuidadores atua no amadurecimento da criança, primeiro via dependência, depois como modo de ele se individuar, se tornar único. Vínculo é como comida, no sentido de que precisamos tê-lo e saber que há reservas para nos sentirmos seguros. No entanto, ele não existe apenas para que nossas necessidades – como a de alimentação – sejam supridas: ele em si é uma necessidade formativa, imprescindível.

A conexão pode ser dificultada por alguns motivos, segundo Neufeld e Maté, como a falta da "vila". A criança hoje passa a maior parte do tempo com outras crianças na creche ou na escola, não com adultos. Não há mais adultos do bairro, da família numerosa ou da comunidade por perto para dar às crianças a noção de orientação e segurança quando seus pais não estão, com pessoas de todas as idades convivendo.

Os divórcios conflituosos também são apontados como grandes dificultadores da conexão familiar. Nessas situações, a criança fica separada dos dois cuidadores, perde o vínculo por causa dos conflitos e acaba se voltando aos pares, ou só consegue ter vínculo com um dos cuidadores, passando a se sentir ou abandonada ou como uma traidora. O papel dos adultos é facilitar o vínculo com madrastas, padrastos e a família estendida que se empenha e consegue cuidar bem da criança, manejando esses relacionamentos como complementares, e não como competidores. Aproveito para salientar que, no Brasil, segundo o IBGE, em 2010 mais de 70% dos divórcios não consensuais foram requisitados por mulheres, mas, por conta da misoginia estrutural, estas ainda são vistas como vingativas e alienadoras, causadoras de conflitos, quando, na maioria das vezes, o que vemos são mães tentando proteger as crianças de abusos e negligências severas. Nesse caso, o convívio com o genitor ou com a família estendida não pode ser colocado acima da segurança de mães e crianças.

A tecnologia e a cultura das telas também aparecem como fontes de dificuldade de conexão familiar, pois servem para apoiar relacionamentos entre pares, e não entre pais e filhos. Neufeld e Maté ressaltam as mudanças tecnológicas rápidas demais para adultos assimilarem, e apontam que, devido à grande necessidade de vínculos e à falta destes com os adultos, as telas (redes sociais, jogos on-line, *streamings*, *chats* etc.) se tornam viciantes. Adiciono que, numa cultura que sobrecarrega mulheres, as telas se tornam grandes aliadas das mães, substituindo uma rede de apoio humana. Com a criança quieta e hipnotizada, a mãe consegue fazer pelo menos parte do trabalho de manutenção doméstica que é relegado a ela, infelizmente à custa de muito do desenvolvimento da criança e da conexão familiar.

Outro grande motivo da dificuldade de vínculo é não ter internalizado os benefícios do vínculo em si, ou seja, não ter experienciado no corpo um amor próximo, construtivo, uma relação em que fosse apoiado, visto e entendido. E sim, isso sempre pode ser reconstruído em nós para que possamos prover aos nossos descendentes, como veremos nos próximos capítulos.

Nossa forma de apego pode mudar: podemos aprender a confiar, a nos expressar para unir, e não distanciar. A conexão emocional que não existiu na infância pode ser conquistada mais tarde, na idade adulta, quando conseguimos um ambiente "suficientemente bom", ou seja, relacionamentos nutritivos, seguros, confiáveis, afetuosos na maior parte do tempo, que nos façam internalizar nosso valor como sujeitos.

Porém esse vínculo construtivo, por ser tão infamiliar, pode causar grande estranhamento e desconforto, mesmo sendo saudável: pode ser sentido como invasão, perigo, carência, voracidade, ou luto pelo que não se teve; pode trazer o medo da perda repentina e a desconfiança de que haverá um preço alto a ser pago pelo que se está recebendo. Por isso, podemos querer cortar a conexão antes de sentir rejeição e abandono, ou seja, confusão e ambivalência estarão presentes em alguma medida.

O medo do laço, da conexão, pode ser um medo de se vulnerabilizar e ser machucado, traído, invalidado, decepcionado, ignorado ou invadido. Se o familiar é a dor, a imprevisibilidade, a solidão, a evitação e a fuga do contato emocional íntimo, a conexão será sentida como estranha, portanto pode ser rechaçada, tamanho o desconforto em experimentá-la. A paz nas relações pode ser sentida como perigosa, como tediosa ou como o prenúncio do terror, se o que mais experienciamos foi o caos.

Todos vivemos experiências boas enquanto situações desafiadoras acontecem, mas quem teve relações de instabilidade e imprevisibilidade extremas na infância pode ter mais dificuldade em aproveitar os momentos bons e aceitar a tranquilidade dos relacionamentos. O desafio é criar espaço para conseguir aproveitar as partes boas das relações sem acreditar que elas roubarão a energia necessária para lidar com as partes ruins, ou que obrigatoriamente "atrairão" situações ruins.

Perceba que, na falta desse laço estável e íntimo e do vínculo construtivo, permanecem os vínculos adoecidos, que se sustentam via brigas, disputas, pactos de dor e alianças trianguladoras, ou via doença, vícios, incapacidade, impotência, dependência extrema e culpa.

Quando uma família perde (ou nunca conquistou) a capacidade de se relacionar através do lado mais saudável de seus membros, o lado adoecido, destrutivo, negligente e abusivo vai prevalecer.

3

As modalidades de negligência e violência da família

> De vez em quando Deus me tira a poesia.
>
> Olho pedra, vejo pedra mesmo.
>
> *Adélia Prado*

O que é realmente a violência familiar?

É importante dizer que conceitos podem ser altamente subjetivos. Todos repudiam a violência e o abuso, mas nem todos nomeiam os próprios comportamentos abusivos e violentos como abuso e violência. É o mesmo caso do racismo: segundo dados da pesquisa "Percepções sobre o racismo no Brasil", realizada pelo Ipec (Inteligência em Pesquisa e Consultoria Estratégica), sob encomenda do Instituto de Referência Negra Peregum e do Projeto SETA (Sistema de Educação por uma Transformação Antirracista), mais da metade (51%) dos brasileiros declarou já ter presenciado um ato de racismo, além de 60% considerarem, sem nenhuma ressalva, que o Brasil é um país racista. Porém, apenas 11% deles reconhecem cometer atitudes racistas e 10% afirmam trabalhar em instituições racistas, ou seja, a conta não bate. Isso porque alguns grupos têm o privilégio de não precisar nomear os atos que praticam.*

    Grupos minorizados aprendem a não apontar o que vivem, a internalizar que é normal passar por determinadas situações, justamente porque quem pratica os abusos e as negligências tem o privilégio de poder fazê-lo sem ser responsabilizado.

---

* Disponível em: https://agenciabrasil.ebc.com.br/direitos-humanos/noticia/2023-07/mais-da-metade-dos-brasileiros-presenciou-ato-de-racismo. Acesso em: 1º nov. 2023.

Crianças também são um grupo minorizado, mas elas crescem, e muitas reproduzem exatamente o que viveram, se a sociedade dá aval para isso. Crianças precisam saber diferenciar amor e cuidado de violência e negligência para ter a chance de crescer, questionar e mudar as coisas.

Como interpretamos o que vivemos

É importante pontuar que a experiência de não ter algumas necessidades emocionais básicas atendidas durante os anos iniciais pode ser vivida como uma violência, uma ameaça de aniquilamento, mesmo que os cuidadores não tenham essa intenção direta. É o que chamamos de cuidados não suficientes.

Existem também as violências mais explícitas, que se dão não pela falta, e sim pela prática, pelo ato, pela palavra. O dano pode ao mesmo tempo vir de um *continuum* e estar num espectro: podemos ter tido cuidados suficientemente bons no período inicial, mas ter vivido situações abusivas ou negligentes quando maiores, de forma crônica ou pontual; ou ter vivido pequenas privações no início e grandes traumas posteriores; ou seja, são muitas variações de milhares de cenários individuais.

A possibilidade de duas ou mais pessoas da mesma família, como irmãos, interpretarem o que viveram de formas completamente diferentes – e isso é uma realidade recorrente – não muda o fato de que as negligências e violências podem ter realmente acontecido. Podemos sim ter interpretado olhares, palavras e atos que aos olhos de outras pessoas seriam considerados "normais" como intrusões e violências. Porém, o fato de pessoas distintas saírem mais ou menos ilesas da mesma situação e o fato de que as interpretações são sempre subjetivas não podem servir para invalidar a materialidade, se há indícios de violências ou negligências ali.

A grande questão é que, como uma forma de defesa, costumamos internalizar a versão dos adultos do que aconteceu conosco, e não a nossa, a que nosso corpo pede para contar. Então é bastante razoável que aconteçam crises e sintomas que nos obriguem a olhar para o que vivemos, com o objetivo de nos ajudar a narrar essas situações em primeira pessoa, nomeando e relembrando para conseguir lidar com elas.

Boas pessoas podem ser violentas ou negligentes?

A narrativa social é a de que um ato não pode ser violência, abuso ou negligência se foi praticado por alguém legal e admirado, que faz coisas boas para outras pessoas ou até para nós, que tem um lugar de destaque no trabalho e na sociedade, e isso não poderia estar mais longe da verdade. Abuso, violência e negligência são atitudes, ações, não características inatas da personalidade de alguém: um cuidador que é gentil, amável e bom para nós em alguns quesitos pode ser abusivo, violento e irascível em outros. O problema é que fomos ensinados, principalmente as mulheres, a "olhar para o lado positivo", ou seja, a sermos permissivos quanto ao modo como somos tratados pelas pessoas. Quando somos crianças, é nessas horas que passamos pelo movimento de cisão a que já me referi: sem ter condições de internalizar todo o desamparo, nosso psiquismo se divide e internaliza as partes ruins como nossas, culpando a nós mesmos pelo ocorrido e preservando os cuidadores para que possamos sobreviver a eles.

Muitos cuidadores que causam danos realmente têm boas intenções, mas isso não pode servir para calar e silenciar quem sofreu a ofensa, nem para minimizá-la. Cada um tem a responsabilidade de olhar para o dano que produz e reproduz, principalmente quando envolve crianças incapazes de se defender, fugir, ou que nem sequer percebem que estão sendo feridas.

A maioria dos cuidadores que causam danos, intencionalmente ou não, também tem atitudes boas diante de outras pessoas. Nenhum abuso acontece sem que também haja gentilezas, porque pessoas são complexas e paradoxais. Pais negligentes podem ter rompantes de cuidado, assim como pais invasivos podem ter atitudes empáticas, mas isso não pode se tornar um motivo para continuarmos aceitando ser tratados com menos do que consideração e respeito, ainda que em outros tempos (os tempos infantis) aceitar tenha sido uma questão de sobrevivência.

Os adultos têm condições (ou pelo menos podem buscar condições) de nomear o que viveram na infância, de tentar dar a si mesmos o que faltou, a fim de quebrar o ciclo de violência e de proteger os mais vulneráveis de suas ações danosas. Adultos podem aprender com crianças e com seus iguais. Adultos podem desaprender e reaprender! Podem olhar com coragem para si e para os danos que causam nos outros sem que seu valor seja colocado em jogo, muito pelo contrário: podem, em vez disso, ficar orgulhosos de si por buscar maneiras saudáveis de lidar com suas questões.

A psicanálise não se propõe a prevenir nenhum tipo de violência, mas a escutar os modos íntimos de sentir daqueles que sofrem. Diante disso, pessoalmente me proponho apenas a trazer um olhar de denúncia às violências familiares silenciadas pelas narrativas sociais, que, se desmistificadas, podem provocar rachaduras em estruturas que estão de pé há tempos, e que talvez precisem mesmo ser abaladas.

A criança parentalizada e a busca da felicidade para os pais como consequência do desamparo

Existem crianças que se tornam mães e pais de si mesmas, e muitas vezes dos próprios pais e irmãos, enquanto ainda são crianças: antecipam necessidades, respondem às demandas, reduzem a intensidade do caos e da imprevisibilidade do ambiente. Essas crianças percebem demandas que ninguém nunca percebeu nem supriu, assumindo uma função salvadora, terapêutica, mediadora e cuidadora, basicamente tentando facilitar a situação dos pais e garantir que eles sintam alguma apaziguação e felicidade, com o objetivo de serem vistas e, quem sabe, cuidadas de volta.

Quando algo adverso acontece no lar e uma criança sente que precisa fazer *a* função dos pais, ela basicamente passa a viver *em* função dos pais, e não mais em função do próprio desenvolvimento psíquico ou físico. Isso é uma violência.

Como afirma Winnicott, qualquer criança gosta de brincar de ser responsável, mas apenas por períodos curtos, e quando a ideia não é imposta pelos adultos ou pelas circunstâncias. A parentalização é algo maior, mais perigoso e mais profundo do que isso: é quando a criança sente que precisa crescer antes da hora para ser seu próprio pai e sua própria mãe; quando ela se oferece aos outros na forma de cuidados e de preocupação; quando não é cuidada, amparada e suportada em seu próprio desenvolvimento emocional e físico.

Sándor Ferenczi diz, em uma conhecida metáfora apresentada no texto "Confusão de línguas entre adultos e crianças", que os frutos que amadurecem antes da hora são os frutos bichados, os que foram feridos pelo bico de um pássaro e passaram por essa ruptura antecipada. Nessa perspectiva, o trauma, a privação e a negligência criam uma casca intelectual que defende esse núcleo de dor, o local bicado pelo pássaro.

Um grande problema da inversão de papéis é que a criança se torna cuidadora de si (e dos outros familiares) sem ter recursos internos nem externos para isso. Sem recursos financeiros, experiência ou capacidade de se autorregular, ela fica à mercê de seus monstros internos, dos próprios medos, do terror da vulnerabilidade e do peso da responsabilidade, sem poder nem sequer acessar os pais e obter ajuda, porque sente que precisa ser forte e parecer madura, e porque entende que seus pais não têm condições de dar a estabilidade física e emocional necessária para que ela abandone esse papel.

O conceito de criança parentalizada vem das psicoterapias familiares, mas também podemos definir essa inversão de funções entre cuidadores e filhos pela óptica winnicottiana, chamando-a de falso *self* cuidador ou salvador, que precisou ser criado pela criança para sobreviver ao desamparo de:

1. Ter cuidadores muito presos em suas próprias dores e questões – traumas, conflitos não resolvidos, medos, angústias, transtornos, doenças físicas e adições – e,

por isso, impossibilitados de cuidar dela a contento e de enxergá-la;
2. Ter cuidadores muito novos, inexperientes e incapazes de cuidar;
3. Presenciar o principal cuidador sofrendo violências diversas sem conseguir reagir, se defender ou fugir;
4. Presenciar irmãos sozinhos e negligenciados (aqui é importante abrir um parêntese para pensarmos a respeito de como a pobreza e a falta de políticas públicas a que as mulheres são submetidas, principalmente as racializadas, muitas vezes as deixam com poucas opções de cuidado para os filhos. Isso naturalmente não muda as consequências para a criança parentalizada, mas é preciso pontuar a causa dessa ocorrência);
5. Viver rupturas e lutos com os quais os cuidadores não conseguiram lidar suficientemente bem;
6. Experimentar inconsistência, insegurança, medo, caos e imprevisibilidade crônica no ambiente;
7. Experienciar desrespeito constante a seus limites, assim como invasões emocionais e físicas;
8. Experienciar privação de afeto e proximidade emocional por quaisquer motivos.

O psiquismo então faz uma ruptura e precisa internalizar tudo o que o ambiente espera dele, tudo que ele precisa prover para si e para os outros, em vez de seguir se desenvolvendo no relaxamento e na despreocupação da infância.

A criança cria uma casca para se proteger desse desamparo. Seu corpo e seu psiquismo – que são um todo, não partes separadas de um todo – deveriam crescer de forma alinhada no tempo-espaço, mas sofrem uma ruptura, e a mente se desenvolve de maneira defensiva bem antes da hora, e às vezes antes do corpo. A criança tem uma aparente maturidade e independência, mas seus processos de desenvolvimento emocional e até físico ficaram estagnados. O aumento excessivo da função mental revela, nesse caso, a privação ambiental a que a criança pode ter sido submetida.

O falso *self* da criança pode se constituir como aquele que tenta salvar, consertar ou apoiar seus cuidadores, facilitar sua vida, esconder os problemas, cuidar dos adultos, se responsabilizar pelo bem-estar da família, minimizar a violência ou o caos, estabilizar humores, se preocupar com todos. Muitas crianças passam a ser responsáveis pelo cuidado dos irmãos e da casa (sobretudo as advindas de famílias de classes econômicas mais desamparadas socialmente); pela mediação de brigas entre os cuidadores; por manter os cuidadores "calmos", ao fazer exatamente o que querem; por compensar a solidão, os problemas e as tristezas dos cuidadores. Por vezes, elas são incumbidas de ouvir desabafos; de virar o "homem da casa" ou a "acompanhante eterna" da mãe na falta do pai; de ser escudo para a mãe quando o pai é violento; de assumir o papel de "boazinha" para tentar facilitar para a mãe ou minimizar os problemas da família; e por aí vai.

E afirmo que a criança tentará porque nenhuma criança, mesmo a mais "madura para a idade", tem condições concretas ou simbólicas de fazer esse trabalho a contento, muitas ficando com a marca da impotência em si. Onde há exploração, mesmo sem intenção, não pode haver amor. Nesse caso, num primeiro momento a criança deixa de amar a si, deixa de acreditar – ou nunca chega a acreditar – que é potente e capaz.

Essas crianças podem se tornar perfeccionistas e procrastinadoras, confirmando que nunca farão o suficiente, mas ainda precisando provar que dão conta das próprias "obrigações", querendo fazer os pais felizes. Para a psicóloga Susan Forward, também podem se tornar codependentes, tentando ajudar ou salvar qualquer pessoa compulsiva, adicta, agressiva ou excessivamente dependente.

Resolver os problemas ou aliviar a dor do outro podem se tornar as coisas mais importantes. Ter sentimentos bons passa a depender da validação e da aprovação dessa pessoa, por isso as crianças podem protegê-la das consequências do seu próprio comportamento, sem se preocupar com o que sentem e querem, apenas com o que o outro sente e quer, fazendo qualquer coisa para evitar rejeição e raiva.

Elas podem vir a se culpar por tudo que dá errado, se aborrecendo porque se sentem usadas e desvalorizadas, mas escondendo ou evitando acessar esses sentimentos difíceis para manter a fachada de que está tudo bem, lutando para serem amadas e vistas pelo outro.

O filho se torna invisível quando os pais estão centrados em sua própria sobrevivência física e emocional. Nesse caso, a mensagem que a criança recebe dos cuidadores é de que eles são os únicos que interessam, e por isso ela tem dificuldade de desenvolver o amor-próprio, já que não se sente amada. O sentimento que internaliza é o seguinte: "Se os faço se sentir bem ou facilito sua vida, sou boa; se não, sou má".

Em última instância, não existem crianças maduras, mas existem crianças que perdem a infância tentando facilitar a vida dos pais. A boa notícia é que, de acordo com a teoria do amadurecimento pessoal, vamos sempre em direção à maturação, se sentimos segurança no ambiente para tal. Por isso muitos adultos que passaram por todas essas questões infantis adversas buscam esse ambiente acolhedor e estável em consultórios psicanalíticos e em grupos facilitadores e de apoio, e muitos conseguem construir relações seguras e próximas que se tornam sustentação para a retomada desse desenvolvimento que ficou pausado.

Dinâmicas adoecidas

Para além das violências e negligências que exemplifiquei nos tópicos da parentalização e das relações adversas entre mães e filhas, é preciso dar nome a outras importantes dinâmicas adoecidas, que são em geral muito normalizadas pela cultura e silenciadas pelas vítimas, que não se sentem autorizadas a acessar e externar suas dores.

É importante dizer que ninguém é 100% maduro, pois estamos todos "adultescendo" em alguma medida, e que muitos danos são provocados por cuidadores que não tinham nenhuma má intenção, muito pelo contrário. No entanto, é perigoso, repito, que nos calemos ou nos recusemos a acessar as consequências de danos causados por dinâmicas adversas simplesmente porque elas foram frutos de "boas intenções". É preciso que haja um espaço seguro para dar nome ao dano, acessá-lo, e assim poder dar algum sentido a ele, integrando-o na nossa história, que agora será contada por nós, não atravessada pela visão do outro. Isso está muito longe de culpar os cuidadores por eventuais fracassos ou dificuldades que possamos enfrentar; tem a ver com acessar a história dos nossos problemas para termos chance de fazer algo com eles, ou seja, trata-se de ter autorresponsabilidade sobre o hoje. Só podemos nos dar uma vida mais digna quando acessamos e aceitamos em nós as partes que são ou foram consideradas indignas.

Como já apontamos, na família que causa danos, quase sempre estão presentes duas características (com frequência inconscientes): o *apagamento* e o *fingimento*. No apagamento, há processos que fagocitam a integridade, a autonomia e a vivacidade do outro; no fingimento, há negação, invalidação, minimização, desresponsabilização e facilitação de dinâmicas abusivas e negligentes.

Muitas das situações que descreverei aqui, apesar de extremamente normalizadas, são também crimes, ou seja, excedem os limites de um equívoco ou de um repasse inconsciente de trauma. De fato, nenhum trauma pode justificar que pessoas machuquem outras, porque somos todos responsáveis por fazer algo com o que fizeram de nós.

Traumas são um ponto de partida, mas não podem ser o lugar onde estagnamos e ficamos confortáveis em ferir pessoas. Não podemos justificar a prática de abusos, negligências e violências porque vivenciamos um trauma. A integridade do outro é um direito inalienável.

Ferida física

Quando o cuidador propositalmente causa dor física na criança, dizendo que faz isso porque a ama, porque está educando, porque sabe o que é melhor para ela ou porque ela merece, a criança pode internalizar que amar é sofrer pelas mãos do outro, é pagar por ser quem é, é padecer e se martirizar pelo outro, é permitir que o outro desconte nela suas mazelas e dores.

O punitivismo severo e potencialmente vingativo é uma maneira de manter pessoas controladas, silenciadas e adequadas pelo medo. Quando atrelado a um suposto afeto e a intenções positivas na infância, pode causar danos imensuráveis à noção de amor e cuidados que a pessoa construirá. O adulto que fere está descontrolado, apartado de suas próprias dificuldades e emoções complexas, e as desconta na criança que as "acionou".

Crianças são o único grupo social que se pode aberta e publicamente agredir, inclusive com apoio popular. Isso não acontece com nenhum outro grupo. Um grande problema disso é que só conseguimos nos livrar dos repasses inconscientes da dor que vivemos quando a percebemos como injustiça. Se normalizamos essa dor, como parar de reproduzi-la nos outros e em nós mesmos?

Já existem pesquisas muito sérias, feitas com milhares de pessoas que sofreram agressão na infância, mostrando as principais consequências desses ataques na autoestima, no autovalor, no aprendizado e nas relações dessas vítimas. Isso inclui palmadas, que não são uma "violência menor". Vejo constantemente em adultos que foram feridos quando crianças características que corroboram as estatísticas oficiais, como as seguintes:

- Maior propensão à perda da capacidade de reagir adequadamente a um mal e de reconhecer injustiças;
- Maior propensão à internalização de que amor também pune e provoca medo e vergonha;

- Maior propensão à desconfiança e insegurança quanto aos pais, a um relacionamento com vínculo prejudicado;
- Maior propensão a um senso moral prejudicado e a saídas como mentir, esconder, negar os problemas;
- Maior propensão ao auto-ódio e à autoculpa por "tirar os pais do sério";
- Maior propensão à dependência adoecida, a se moldar passivamente ao outro e a ter pouca autonomia;
- Maior propensão a não saber colaborar e trabalhar em equipe (porque só aprenderam a mandar, copiando cuidadores), ou a seguir ordens cegamente por medo;
- Maior propensão a aprender que a raiva é passível de punição, levando à repressão e à falta de regulação desse sentimento, o que, por sua vez, pode causar explosões enfurecidas ou implosões adoecidas;
- Maior propensão a aprender que tristeza, medo e choro são errados e causam decepção e incômodo, por isso devem ser reprimidos;
- Maior propensão a se desconectar de si e das suas emoções, porque elas os fazem ser ignorados ou punidos;
- Maior propensão a aprender o ciclo "crime-pagamento", em que praticam o delito e pagam por ele, mas não se responsabilizam por mudanças reais em si;
- Maior propensão a sentir insegurança, a procrastinar, a ter menos proatividade e a não se permitir errar, porque serão punidos;
- Maior propensão a resolver as coisas na base da agressividade e do destempero, apelando facilmente para a violência;

- Maior propensão a aprender que as necessidades dos outros precisam ser respeitadas antes das suas, podendo causar autossabotagem e busca constante por aprovação;
- Maior propensão a ter menos criatividade e autenticidade;
- Maior propensão à pouca reflexão sobre erros, ao foco na vingança contra quem os apontou ou ao auto-ódio por ter errado;
- Maior propensão a ter problemas de saúde mental e menor capacidade cognitiva.

A maneira como o adulto se relaciona com a criança quando ela está sobrecarregada ou quando erra afeta o desenvolvimento do seu psiquismo no curto, no médio e no longo prazo. As únicas mudanças capazes de proteger e salvar crianças da violência física de seus cuidadores são a tolerância zero com qualquer correção física e o repúdio público e explícito a esse comportamento. O pátrio poder não é mais lei, mas infelizmente se manteve no imaginário social a ideia de que a criança é uma posse e não tem direitos para além dos que a sua família é capaz de lhe proporcionar, o que não é verdade, vide a criação do Estatuto da Criança e do Adolescente, com a adição da Lei Menino Bernardo (Lei n. 13.010/2014).

As pessoas acreditam que a violência física não as traumatizou porque entendem o trauma como uma situação pontual, de choque profundo, que não se esquece. Entretanto, o trauma também é algo que, de tão recorrente, pode ser normalizado, e por isso "esquecido", mas que retorna em outros sintomas, como dificuldades de se relacionar, de aprender, de confiar, de ter segurança em si e nas relações e de diferenciar abuso e amor.

Ferida emocional

Não são poucos os relatos que ouço de pessoas adultas que nunca apanharam na infância, mas que foram profundamente marcadas por palavras ditas por seus cuidadores.

A punição emocional acontece quando o adulto tem medo da dominação da criança sobre si e por isso tenta dominá-la antes, via o que chamo de "quebra de espírito".

Os adultos podem quebrar o espírito da criança diretamente, por meio de ofensas, críticas, ameaças e insultos, ou indiretamente, com "brincadeiras" vexatórias, provocações, sarcasmo, apelidos, comparações humilhantes entre irmãos e primos, e chantagem emocional. Alguns inclusive utilizam as próprias emoções, saúde e morte para provocar culpa e medo na criança, dizendo coisas como: "Se você não fizer isso, eu vou ficar triste para sempre", "Quando você faz isso me adoece", "Você ainda vai me matar do coração".

As comparações podem ter o objetivo de humilhar indiretamente, mas também podem ser uma maneira de mostrar o que a criança deve desejar ser. Dessa forma, também colocam o adulto na posição de juiz, que deve decidir se a criança é digna de amor, atenção e reconhecimento.

Esses cuidadores podem usar a criança como bode expiatório, exigindo coisas impossíveis dos filhos apenas para depositar neles sua raiva, para ter um parceiro na dor que não reconhecem em si. Colocam o peso da estabilidade sobre a criança para não assumir que talvez eles mesmos não sejam capazes de prover essa estabilidade emocional. Exigem maturidade e perfeição, não toleram erros, diminuem o outro, tudo isso para se sentirem poderosos e fortes.

As feridas infantis dos cuidadores os levam a se misturar com a criança, tentando obrigá-la a ser perfeita, sentindo que, assim, ela não sofrerá como eles, que eram tão "imperfeitos". Nessa projeção, o adulto transfere para a criança tudo de difícil que não consegue acessar em si. Ela vira o bode expiatório, tornando-se o receptáculo de incapacidades e de características negativas que os adultos não conseguem suportar em si mesmos. Isso normalmente chega à criança como rótulos e críticas constantes. Os pais também podem punir os filhos por comportamentos completamente esperados para a infância, como choro, conflitos, impulsividade, movimento e exploração do ambiente, apenas porque essas condutas dificultam a sua vida e eles aprenderam que os adultos têm mais valor que crianças, portanto devem ser apoiados por elas.

Pais que concorrem com filhos, se comparam a eles por se sentirem inferiores e os diminuem para se sentirem melhor também ferem emocionalmente. Adultos que tenham conquistas maiores que as dos pais podem sentir culpa e não aproveitar o próprio sucesso, se sentir infelizes e se sabotar (se protegendo da rejeição desses cuidadores).

O controle pode ser usado a princípio para amenizar o medo e a insegurança dos cuidadores, mas depois rapidamente virar uma forma de coerção. Ele não é ruim por si só: o "controle bom" está em consonância com a realidade e é movido pelas necessidades da criança, visam orientar, dar limites éticos e ensinar, enquanto o "controle ruim" vem dos receios e angústias dos pais: síndrome do ninho vazio, medo de perda de reputação, realização dos próprios desejos por meio dos filhos etc. O controle direto em geral envolve ameaça e intimidação ("Faça o que eu digo, ou tiro sua afeição/seu dinheiro/sua liberdade..."), enquanto o controle indireto se baseia na manipulação e parece preocupação: engloba comparações com outros para fazer os filhos buscarem aprovação; ações excessivas pelos filhos, que depois são cobradas; concepção de si mesmos como mártires; criação de uma autoimagem de vítima, para gerar culpa na criança e controlá-la através desse sentimento.

O controle pode acontecer até mesmo quando os pais não estão mais presentes ou vivos, por meio de crenças que permanecem a respeito de relacionamentos, dinheiro, ou religião, introjetadas como leis que não podem ser descumpridas, impostas por um superego cruel. Filhos de pais controladores podem ter dificuldades de se verem como diferentes dos pais.

Outra punição emocional, bastante tolerada e bem-vista, porque não é uma punição direta, é o tratamento de silêncio. Essa atitude pode parecer inofensiva, mas infelizmente retira da criança a única coisa de que ela realmente precisa por parte dos pais: comunicação e proximidade, em especial quando está vivendo uma situação desafiadora, quando erra, quando precisa ser acalmada e orientada. Muitos cuidadores, na maior parte das vezes mães, usam esse comportamento passivo-agressivo para obrigar a criança a fazer o que eles querem, ou a parar de fazer algo que o adulto não tolera ou com o qual não sabe lidar.

Quando o convívio físico está lá, mas a comunicação não, acontece o abandono emocional. Aqui não falo de pessoas que precisam se afastar para pensar melhor, se acalmar e depois conversar com a criança, mas sim daquelas que retiram sua presença emocional de propósito para punir e para não precisar se engajar num conflito direto, saindo como os "mártires" da situação.

Lamentavelmente, é bastante comum que os pais culpem a criança por suas próprias infelicidades, por seus traumas, por seus vícios e por suas perdas, não conseguindo protegê-la de si mesmos, não admitindo que precisam de ajuda e se recusando a buscá-la. Negam problemas familiares evidentes para não precisar se implicar neles, invalidando as reclamações e os pedidos dos filhos e punindo os comportamentos denunciatórios deles. Nesse contexto, os cuidadores se eximem das consequências dessa relação na vida da criança, ou nem mesmo se preocupam, entendendo que já fazem "demais" por ela.

Diante disso tudo, os filhos podem virar adultos que se veem presos à busca da aprovação dos pais, ou, no outro extremo, que se rebelam, fracassando na vida para não se submeter aos mandatos e imposições deles.

Recompensa seletiva, permissividade e superproteção

O adulto também pode estar, mesmo que inconscientemente, atrelando sua afeição e seu amor a realizações e comportamentos que aprova, o que pode fazer a criança entender que só será amada se deixar os pais contentes. Eles podem dizer coisas como: "Fico muito feliz quando você divide o brinquedo", ou "Quando tira nota alta fico muito orgulhoso". O problema disso é que o filho pode não internalizar a ética, ou seja, ele não deveria estar dividindo o brinquedo e tirando notas altas porque essas atitudes dão felicidade aos pais, mas por sua própria realização estudantil, por seu prazer em aprender e pela internalização da empatia, nesses exemplos.

O outro lado da moeda também é verdadeiro e bastante problemático: ter medo de ser rejeitado pela criança, medo da própria raiva diante de uma situação que precisa de contorno e medo de que a criança sofra muito por não ter seus desejos realizados, e por isso deixar de impor limites importantes para seu desenvolvimento, é como estar em um navio sem capitão. Estar diante de uma liberdade não construtiva por encher o filho de terror. É importante deixar evidente que limites positivos são aqueles que não envolvem violência verbal e física, quando o adulto consegue sustentar o "não" sem tanta culpa e medo, e assim mostra mais serenidade com a própria autoridade.

Nesse contexto, pode se dar também a superproteção, que é quando os cuidadores, na ânsia de ser úteis e de fazer parte da vida da criança, acabam por considerá-la incapaz de lidar com as situações, apagando-a. O adulto se coloca como salvador dos filhos, não só fazendo para eles coisas que já poderiam fazer por si mesmos e impedindo que eles experimentem as consequências naturais de suas ações, mas também colocando nas crianças a marca do débito, do dever, da falta para com os pais.

Seletividade das emoções e medo da vulnerabilidade

Outra dinâmica adversa de apagamento é a educação para a invulnerabilidade, principalmente com o filho menino: não permitir que ele demonstre emoções associadas ao feminino – como medo e tristeza –, não permitir que ele aprecie ou realize atividades relacionadas ao cuidado ou às artes, puni-lo com privação de afeto, com violência física ou com humilhações verbais quando sai do esperado. As emoções são evitadas e, em especial no caso da menina, a raiva precisa ser reprimida.

Também é comum que cuidadores finjam não ter medo de emoções difíceis, mesmo que esse medo transpareça facilmente. Tendo aprendido a atrelar a expressão de suas emoções a julgamentos, afastamentos e punições, os pais não conseguem suportar certos sentimentos, especialmente os que têm a ver com intimidade emocional. Elaboram grandes defesas colocadas no lugar do seu "eu" verdadeiro: em vez de terem conseguido desenvolver um bom senso de si na infância, aprenderam que determinados sentimentos eram proibidos, então os reprimem. Por isso, explodem facilmente e têm dificuldade de se autorregular, deixando a família pisando em ovos ou esperando que os outros os acalmem. Como evitam intimidade emocional, não entram em contato com as próprias emoções e nem sempre conseguem se colocar no lugar das pessoas quando estas experimentam sensações difíceis, mas a narrativa é de que são "fortes" e querem "fortalecer" seus filhos ao ensiná-los a reprimir o choro, a tristeza e a vulnerabilidade.

Esses pais vetam colo e não permitem choro, para assim ensinar "como funciona o mundo", ou seja, educam para a independência e a invulnerabilidade (no caso do menino) e para a falta de exigências (no caso da menina). O objetivo é fazer com que a criança amadureça rápido, infelizmente antes da hora. Essa independência simulada acaba ajudando as mães, facilitando o processo educacional no dia a dia, mas à custa do próprio desenvolvimento emocional dos filhos.

No caso das meninas, também ocorre de serem ensinadas a calar seus incômodos – beijar familiares mesmo sem querer, para transparecer educação, por exemplo –, a passar por cima de si para deixar outros à vontade, a priorizar a visão do outro acerca de si mesmas, a engolir o desconforto para agradar, mesmo que custe seu bem-estar. Estas também são formas adoecidas de educar para a invulnerabilidade, para o não contato consigo mesmo, para a priorização das necessidades do outro em detrimento de si.

Conflitos violentos entre os cuidadores

Outra dinâmica adoecida e adoecedora são os conflitos verbalmente violentos entre cuidadores, também muito normalizados na nossa sociedade, que podem trazer consequências deletérias, em particular quando os adultos não se responsabilizam por proteger a criança de si mesmos, e mais ainda quando informam à criança que só permanecem juntos por causa dela. A briga constante e o ódio fazem uma aliança adoecida, que mantém cuidadores presos em suas próprias dores, sem conseguir colocar limites necessários à convivência saudável, e faz a criança ter que escolher entre um e outro, sentindo que é traidora de um deles. Todos os dias vejo mulheres presas em relacionamentos abusivos com seus parceiros, pensando que a briga é uma maneira de se defender (na maioria das vezes não é), sem autonomia emocional e financeira para sair, e sendo chantageadas, ameaçadas e punidas quando conseguem.

É também bastante comum que casais que não conseguem ter uma dinâmica saudável de relacionamento entre si se unam contra as crianças de alguma maneira, para sentirem que são um "time". Muitas mulheres fazem uso desse comportamento como um mecanismo de defesa para se proteger dos abusos do homem, ou seja, agradar-lhe na sua sede de punição contra as crianças para que essa sede não se volte contra ela própria.

Os conflitos não deixam de existir em relações saudáveis, mas é a maneira como eles acontecem e são resolvidos que diferencia o saudável do adoecido: no relacionamento saudável, as pessoas podem conversar sobre as coisas e todos são ouvidos e considerados, enquanto no adoecido elas são emocionalmente punidas, culpadas e envergonhadas pelo outro, sem que haja chance real de entendimento, acordo ou mudança mútua.

Em geral, esses cuidadores estão presos demais em suas próprias dificuldades para enxergar a criança, que fica não só invisível, mas também acuada pelo medo e pela raiva impotente, além de sentir que não tem para onde correr. Esses filhos podem se tornar adultos que fogem de conflitos ou que se apoiam neles para obter alguma conexão, mesmo que adoecida, entre muitas outras consequências.

Inconstância

Outra dinâmica bastante perigosa é a inconstância crônica no atendimento das necessidades da criança: ou há muita invasão ou há muita negligência, podendo causar ansiedade e hipervigilância. A criança vítima dessas circunstâncias lida bem com as situações difíceis, mas não consegue lidar com a paz, com a tranquilidade, com o relaxamento, ou mesmo com o afeto.

Também são inconstantes os cuidadores que se mostram de uma maneira dentro de casa e de outra maneira fora dela, preservando a reputação e a imagem construídas em detrimento de uma relação mais verdadeira. São cuidadores que escolhem bem as situações nas quais demonstrar sua agressividade, deixando a criança sempre em dúvida em relação aos próprios sentimentos de raiva e autoproteção, já que aquele adulto é tão querido em outros momentos e por outras pessoas.

Crianças precisam não só de uma rotina previsível no atendimento de suas necessidades físicas, mas também de estabilidade emocional e da possibilidade de prever os humores dos cuidadores, pelo menos na maior parte do tempo. Mesmo quando os pais saem do seu estado normal, precisam poder prever que eles reconhecerão o erro e voltarão atrás.

Abandono

É bastante normalizado, e infelizmente aceito e perdoado socialmente, que homens abandonem as crianças, seja sequer convivendo, seja parando de se preocupar com elas, de cuidar, de entrar em contato para ter notícias, de se interessar, quer estejam provendo-as financeiramente, quer não. Segundo o Portal da Transparência do Registro Civil, quase 500 crianças por dia são registradas no Brasil sem o nome do pai na certidão.

É também comum que homens se mudem para outras localizações sem manter o mínimo de contato afetivo com as crianças, muitas vezes se casando de novo sem se preocupar em inseri-las na nova família, passando a negligenciá-las, em particular se tiverem outros filhos da atual união.

Diante de novos irmãos, de situações inéditas como um divórcio, acontece bastante de a criança ter sua insegurança e seus medos ignorados, silenciados ou punidos, principalmente quando esses sentimentos aparecem na forma de agressividade contra irmãos ou contra os próprios pais.

Negação das produções emocionais ou fisiológicas de si

Também é recorrente e potencialmente prejudicial a criança não ter seus desejos instintivos, suas produções fisiológicas, suas emoções difíceis ou suas fantasias normalizados (como o ódio pelo irmão mais novo, o desejo de que um dos pais morra quando lhe faz mal ou coloca um limite, a exploração do corpo na masturbação infantil, o escape de urina etc.). Ou seja, sentimentos desconfortáveis que os próprios adultos não permitiram e não integraram em si são punidos e reprimidos na criança.

Corrida para lugar nenhum

Também é ruim que as crianças sejam colocadas numa "corrida para lugar nenhum", como pontua a psicóloga Shefali Tsabary. Isso acontece quando são impedidas de entrar em contato com o tédio, com outras pessoas, consigo mesmas, com seu cansaço e com sua criatividade espontânea por inúmeras atividades e compromissos diários, tendo que se submeter a uma busca por conhecimento e habilidades antes da hora ou em intensidade demasiada para sua idade e desenvolvimento.

A criança precisa ter tempo para ser apenas criança, para construir relações "olho no olho", sem tanta mediação de telas. Precisa treinar suas recém-adquiridas habilidades sociais num ambiente em que não haja necessidade de provar o próprio valor via conquistas, conhecimentos e agenda lotada, mesmo que isso esteja acontecendo com a melhor das intenções dos cuidadores.

Gaslighting

Muitas crianças são educadas com uma negação absoluta de suas realidades internas, e, quando tudo é considerado exagero, drama e manipulação, a dor é minimizada ou silenciada, não havendo validação do que vivem ou presenciam.

O *gaslighting* não é uma simples discordância do que a criança traz, mas sim a invalidação dos seus sentimentos e da sua forma de perceber a própria realidade, muitas vezes com o objetivo de controlá-la e de facilitar a vida doméstica, ou seja, de tornar a criança mais "dócil".

Pode ser que os cuidadores usem outras pessoas para fazer a criança se sentir mal (com frases como: "Seu pai não vai gostar de ouvir isso") e pode ser que haja elogios depois da invalidação (por exemplo, "Não foi nada, que bom que parou de chorar, agora você mostrou que é um menino crescido"), criando confusão na mente infantil. Quando isso acontece, significa que o cuidador provavelmente não considera a criança um ser digno de ser ouvido, validado e respeitado.

Violência sexual

De acordo com a organização internacional Girls Not Brides ("Garotas, não noivas", em tradução livre), mais de 2,2 milhões de meninas menores de idade são casadas ou vivem numa união estável no Brasil. Somos o quinto país do mundo em números absolutos de casamento infantil. Vivemos numa cultura pedófila, que tem reflexos terríveis no ambiente familiar.*

Mais de 75% dos crimes sexuais contra vulneráveis acontecem dentro de casa.** Quanto ao criminoso, a grande maioria é homem (95,4%) e conhecido da vítima (82,5%), sendo 40,8% pais ou padrastos, 37,2% irmãos, primos ou outros parentes e 8,7% avós, segundo o Anuário Brasileiro de Segurança Pública de 2022.

Diante desse cenário, fica claro que o perpetrador é fruto de uma cultura adoecida e retroalimenta esta mesma cultura ao inserir-se na estatística ativa de violência. Muitos homens aprendem que crianças são posses, não pessoas, e continuações de suas mães, estas também vulneráveis a todo tipo de violências no lar, porque também são objetificadas e desumanizadas. Numa cultura patriarcal, nenhuma criança está imune ao risco de ser abusada sexualmente, mas o risco para meninas, em especial as negras e atípicas, é ainda maior. Vale lembrar que, em geral, abusadores não são monstros, são membros bem-vistos e produtivos da sociedade.

Violência sexual é tudo que faz a criança se submeter às ordens sexuais de pessoas mais velhas, mesmo sem serem obrigadas ou forçadas. Isso envolve exposição à pornografia, carinhos

---

* Disponível em: https://g1.globo.com/mundo/noticia/2023/02/26/casamento-infantil-um-drama-que-persiste-na-america-latina.ghtml. Acesso em: 3 nov. 2023.

** Disponível em: https://forumseguranca.org.br/wp-content/uploads/2023/08/anuario-2023-texto-08-a-explosao-da-violencia--sexual-no-brasil.pdf. Acesso em: 3 nov. 2023.

que passam do limite, exames médicos abusivos, ser obrigada a sentar no colo ou toques forçados nas partes privadas de um adulto ou conjunções carnais em si. Crianças são programadas para serem leais a seus cuidadores, mesmo quando sofrem violências em suas mãos, por isso em geral absorvem a culpa que o perpetrador não sente. O terror aumenta a necessidade da criança de apoio e conforto, mas infelizmente a fonte de apoio pode ser também a de terror, motivo pelo qual muitas se sentem presas no ciclo do abuso, culpadas e confusas, com sentimentos ambíguos. Simone de Beauvoir afirma que o abuso cometido sob ameaça física pode ter menos consequências prejudiciais para a criança do que aquele que acontece por meio de uma conexão emocional. No primeiro caso, ela ainda consegue se ver como salvadora de si ou da família, mas, no segundo, há sentimentos de traição, sujeira, culpa e vergonha. Com frequência as crianças abusadas sentem medo de punição, de vingança ou de não acreditarem nelas, além de medo do que acontecerá com o agressor se ele for descoberto, já que muitas nutrem sentimentos ambivalentes com relação a ele.

Segundo o psiquiatra Bessel van der Kolk, sobreviventes de incesto e de abuso sexual familiar crônico podem vir a ter dificuldade de distinguir entre perigo e segurança, já que poucas vezes se sentiram seguros. Podem ter uma percepção de si distorcida (de repulsa, nojo, sujeira, desprezo) e, quando são maltratados na idade adulta, confirmam que merecem aquilo, que o outro descobriu quem são e os trata como devem ser tratados.

O trauma por violência sexual pode trazer vergonha e sensação de auto-ódio, porque, para sobreviver àquela situação impossível, a criança pode ter se apegado ao "lado bom" do abusador e às sensações boas no corpo, culpando-se posteriormente por achar que foi participante ativa do abuso, ou por não ter confrontado o abusador e ter mantido contato com ele. Isso tudo embaralha a diferença entre amor e terror, dor e prazer. As vítimas em geral dissociam, criam certa paralisia emocional, perdem a capacidade de ser criativas e espontâneas, e só saem desse estado para sentir raiva e vergonha.

Quando crianças precisam renegar experiências fortes pelas quais passaram, desenvolvem desconfiança crônica em relação a outras pessoas, inibição da curiosidade, suspeita quanto aos próprios sentidos e tendência a considerar tudo irreal. Os sobreviventes têm dificuldade de concentração, grande sensibilidade a gatilhos emocionais e problemas com relacionamentos íntimos, oscilando entre hipersexualização e bloqueio sexual, apresentando muitos comportamentos autodestrutivos e vários problemas de saúde.

Os psicoterapeutas especialistas em trauma Peter Levine e Maggie Kline afirmam que há quatro condições para que a criança se abra sobre a violência que sofreu: internalizar que tem direito ao seu corpo e a quem pode ou não o tocar e vê-lo nu; saber que será levada a sério em vez de ser punida, culpada, evitada ou calada; saber que seus sentimentos serão considerados e que ela será protegida de males futuros; e ter certeza de que não foi sua culpa. Acredito que essas também sejam as condições para que, mais tarde, o adulto consiga se lembrar e falar do que sofreu, pois caracterizam um ambiente suficientemente seguro.

É preciso marcar com veemência que crianças nunca são responsáveis por nenhuma parte da violência que sofreram, em nenhuma circunstância, e que posteriormente podem obter ajuda e voltar a confiar nas pessoas e acreditar que estarão seguras com algumas delas.

Cuidadores alcoolistas ou toxicômanos

Outra dinâmica bastante delicada, mas que deve ser abordada, é a dos cuidadores alcoolistas ou adictos que negam que precisam de ajuda. O vício é uma tentativa de amenizar ou nublar dores psíquicas, angústias inomináveis, e não um problema moral em si.

Muitas vezes, o medo de julgamento dos outros, a falta de fortalecimento para lidar com a vergonha e a ausência de esperança da família de conseguir erradicar o vício podem fazer com que todos aprendam a fingir que ele não existe, e essa dinâmica pode ser bastante prejudicial aos mais vulneráveis do grupo. A negação, em geral, acontece em três tempos, diz Susan Forward: o da pessoa adicta; o do facilitador direto, com frequência a companheira ou o companheiro; e o da família como um todo, que insiste em manter a farsa da normalidade e leva a criança a ficar confusa e a negar seus sentimentos e percepções, já que não pode confiar nela. A energia é toda direcionada para a negação, não restando nada para os filhos, que em geral se tornam invisíveis. Pode haver inversão de papéis, e os filhos então apaziguam, ajudam e sentem que precisam consertar os pais, como vimos no tópico da parentalização.

Com frequência a negação da criança e a lealdade à família a fazem repetir o vício no futuro, por conta da compulsão à repetição, situação cunhada por Freud na qual os traumas são reencenados para que se busque uma elaboração. Os filhos sentem que não podem confiar nos outros, e é possível que se tornem controladores (para não sentir novamente o caos, a imprevisibilidade e a inconstância), passem a se culpar (por não conseguirem salvar quem sofre com o vício), ou sejam culpados diretamente pelo adicto (como o bode expiatório).

A terapeuta especialista em adicções Sharon Wegscheider-Cruse aponta que a criança pode virar "a heroína", que tenta salvar a família e assume a função de conquistar (notas, títulos, medalhas, posições), ou seja, estabelece metas muito difíceis, para ter algum valor, para compensar a incompetência do "foco" (o adicto) e para trazer senso de normalidade àquele grupo. Em geral, o facilitador precisa sentir que é "superior", que é a pessoa "boa e prestativa", por isso nega, minimiza e ajuda indiretamente o adicto a manter o vício. Wegscheider-Cruse também fala do filho que assume o papel de "mascote" da família (que é divertido e traz alívio cômico para a casa) e do que se torna a "criança esquecida" (que passa despercebida, não causa aborrecimentos e até cria a sensação de certa normalidade no ambiente familiar).

É bastante importante dizer que só é capaz de pedir ajuda quem consegue admitir os próprios problemas e responsabilidades quanto aos filhos sem colapsar, ou seja, se a pessoa tem uma estrutura psíquica frágil (ainda que inflada, superestimada), e uma identidade muito pautada em fantasias, além de não ter o desejo de buscar apoio, pode ser que nunca o busque, mas isso não pode fazer com que os filhos ou os mais vulneráveis tenham a obrigação de ajudar quem os machuca.

Outras dinâmicas adoecidas normalizadas

Existem diversos outros costumes muito normalizados na nossa sociedade, mas potencialmente prejudiciais, como: provocar a criança para causar raiva nela de propósito; levar a criança ao seu limite para se autoafirmar; deslocar sentimentos conflituosos e de auto-ódio de si para a criança; fazer coisas proibidas pelos cuidadores escondido deles e pedir para que a criança guarde segredo, enfraquecendo a autoridade dos pais e o senso de segurança da criança diante de abusadores sexuais que se utilizam da mesma estratégia; entre outros.

Em suma, muitas dinâmicas mais poderiam entrar aqui, e é importante dizer que, apesar de cada pessoa simbolizar o que viveu de uma maneira, todas as situações citadas têm potencial de provocar danos e sofrimentos profundos. Os cuidadores têm sempre a responsabilidade de se revisitar e pedir ajuda, se necessário, para evitar causar rupturas no desenvolvimento dos mais vulneráveis da família.

O dilema transgeracional

Uma questão geracional evidente: se antes as famílias estavam certas de que seus membros mais vulneráveis precisavam tanto dos outros familiares para sobreviver fisicamente garantindo que sua lealdade seria preservada, não importando quais negligências ou violências sofressem, hoje o cenário não é mais assim. As pessoas agora recebem influências de diversas instituições e têm contato com várias outras formas de existir, de viver e de sobreviver, assim como novas maneiras de se conectar. As famílias não são mais redutos intransponíveis e garantia única de sobrevivência para seus membros.

O resultado é que, quando os mais novos vivem de maneira diferente do que os mais velhos viveriam, têm opiniões distintas das deles e interpelam comportamentos desrespeitosos e abusivos na família, isso costuma ser interpretado como desrespeito, afronta ou atitude problemática.

Infelizmente, muitos de nossos cuidadores aprenderam, por conta de violências sociais terríveis, como a guerra e a escravização, que precisavam ser "fortes", e interpretaram isso como mostrar invulnerabilidade e repetir dentro de casa as violências que viveram. "Como se abrir ao amor para quem pode não estar lá amanhã?", questiona bell hooks em seu texto "Vivendo de amor", que fala de como os sistemas de dominação são mais eficazes quando alteram a habilidade de querer e amar dos oprimidos. Seguindo o mesmo modelo hierárquico, diz ela, muitas pessoas racializadas criaram espaços domésticos nos quais conflitos de poder levavam os homens a espancarem as mulheres, e os adultos a baterem nas crianças, como para provar que tinham algum poder diante da opressão que viveram.

De maneira geral, muitos de nossos ancestrais que viveram situações pessoais traumáticas (ou um trauma coletivo, como tempos de guerra, de privação, de fome, de miséria) sentiram a necessidade de se endurecer para aguentar e sobreviver, demonstrando um amor de utilidade, de transação. Endurecidos, entendiam que também precisavam endurecer seus filhos, adaptando-os à frieza do mundo antes que fossem "pegos de surpresa" por ele.

Eles achavam que talvez seus filhos sofressem menos se estivessem dessensibilizados para as violências e adversidades que enfrentariam no mundo, mas, na maioria dos casos, essa educação tradicional com distanciamento afetivo, violência física, punições e evitação não dessensibiliza, e sim sensibiliza mais, porque causa danos numa época formativa. Isso pode trazer muita dor para as crianças no futuro, uma vez que elas crescem entendendo que não merecem coisa melhor, baseando-se exatamente no que tiveram.

A criança que está em formação não consegue internalizar que a rigidez "é para o seu bem", apesar de racionalizar que sim: ela só assimila os danos dessa atitude, e o faz de forma profunda, o que a machuca num período muito sensível e importante do desenvolvimento do seu psiquismo.

Saber que "era normal" que as pessoas apanhassem e vivessem grandes privações emocionais nas suas famílias de origem não torna os sintomas menos presentes e as consequências menos prejudiciais, pelo contrário: quando os absurdos são normalizados, não podem ser falados e sentidos em toda a sua complexidade, e com frequência dão origem a sintomas, adoecimentos e padrões tóxicos.

Prepara-se uma criança para um mundo de violência e adversidade sendo contraponto a esse mundo, não o trazendo para dentro de casa, já que a base da segurança emocional é previsibilidade, afeto e confiança. O dano causado por uma educação violenta pode criar pessoas apenas obedientes, sem criatividade, autenticidade ou um mundo interno vivo. A obediência serve a uma estrutura de poder que precisa que estejamos separados de nós, da nossa verdade, para nos controlar e explorar.

Desde a época dos filósofos gregos, muitos anos antes de Cristo, os cuidadores foram ensinados a esperar da criança um comportamento adulto, porque não existia conhecimento real sobre a infância como fase diferenciada da vida. Com os dogmas cristãos, a ambiguidade anjo *versus* demônio se impôs, partindo de uma expectativa de ingenuidade e inocência infantis absolutas, em contrapartida a comportamentos "maldosos" que deveriam ser extirpados. Não existia informação a respeito das importantes fases que a criança vive até "adultescer", a respeito do desenvolvimento psíquico e físico na infância, a respeito de como a sociedade e a família poderiam atuar como facilitadoras dessa fase. Por sua vez, sabemos que apenas informação não basta, porque a informação atua num nível consciente, e nossos atos são dominados também por questões e dores inconscientes.

Indo além, em todas as eras houve pessoas que se identificavam mais ou menos com as crianças de seu próprio grupo, e as que se identificavam mais (ou conseguiam ter mais empatia pelas crianças) atuavam como um escudo psíquico contra o mal que os cuidadores e a sociedade podiam fazer a elas. O período em que vivemos nos informa as condutas aceitáveis socialmente e molda muito dos nossos sentimentos, mas não domina por completo nossos afetos; fosse assim, em última instância nunca haveria mudanças sociais de nenhuma ordem. A narrativa dos tempos não obriga ninguém a nada, ainda que informe a respeito da "normalidade" das condutas.

Podemos então dizer que a educação transgeracional do endurecimento e da rigidez tem características próprias e serve a propósitos sociais muito bem definidos. Essa educação precisa ser repressora, negando realidades da criança, reprimindo emoções, recusando empatia e ensinando a normalização das injustiças e violências do sistema no qual estamos inseridos.

Ela se pauta na verticalidade, em que o mais forte domina o mais fraco, exigindo obediência, para no futuro trocarmos uma autoridade por outra e aceitarmos a dominação como parte natural da vivência em sociedade. Também está pautada na competição entre as pessoas, via categorizações, comparações, notas e até estrelinhas nos cadernos infantis, o que provoca medo de não sermos suficientes sem um bom desempenho. Aprendemos a tentar nos encaixar nessa competição em vez de questioná-la.

A educação tradicional é baseada em adequação: adapta pessoas a papéis preestabelecidos, reprimindo autonomia e autenticidade via tradição ou rejeição, adormecendo individualidades e transformando-as em engrenagens de uma máquina maior, em busca de produção, lucro e continuação das instituições e dos papéis que mantêm o sistema. Também se baseia em pertencimento: a independência e a singularidade são apagadas em prol da ânsia de se encaixar e do desejo por aquilo que os poderosos indicam que deve ser desejado. Cultua-se o individualismo, que é a resposta exacerbada à eliminação da subjetividade.

Então o que sobrevive se o que une as pessoas não é mais a importância do sangue, a proteção útil e a lealdade ao sobrenome? O que sobra quando o controle e a obediência já não funcionam para manter a proximidade? O que se espera da criança é factível diante de sua condição infantil ou é fantasia e idealização? Estas são questões importantes que, ao ficarem sem resposta pela via da linguagem, podem se transformar em sintomas que levaremos para nossa vida adulta.

4

Crescendo e atuando o que viveu

> Até cortar os próprios defeitos pode ser perigoso. Nunca se sabe qual é o defeito que sustenta nosso edifício inteiro.
>
> *Clarice Lispector*

A crise: os sintomas que nos fazem olhar para nós

Conforme "adultescemos", cada uma das nossas vivências vai sendo digerida e armazenada pelo nosso corpo, e, ainda que nem todas sejam conscientes, muitas deixam marcas profundas.

Nem sempre temos consciência de como significamos tudo que vivemos, de qual sentido demos às experiências que tivemos, de quais fantasias servem de base para o modo como agimos e reagimos, até que algo acontece e basicamente nos força a investigar um pouco mais nossas vivências e maneiras de estar no mundo e de nos relacionarmos com nós mesmos e com as pessoas.

É na crise, na ruptura, na diferença, no adoecimento que costumamos nos voltar para dentro. É quando percebemos que vamos precisar nos aproximar mais da dor para passar por ela. A crise nem sempre é deflagrada por um evento catastrófico, como uma perda repentina, um luto, um término de uma fase ou de um relacionamento importante. Ela pode vir também com o nascimento de um filho, com uma mudança de país, com uma troca de área de trabalho, com o sucesso de algo que queríamos muito, com alguém que entra na nossa vida, com algum conhecimento que adquirimos, com algum "gatilho" que pensamos *a priori* ser insignificante.

Essas situações têm o potencial de nos fazer olhar para coisas que estavam escondidas em nós, de revelar alguns sintomas importantes. Claro que sintomas também têm causas biológicas, mas sabemos que o ambiente (cultura + história + família) exerce grande influência sobre o que já era uma predisposição. A partir dessas crises, podemos começar a perceber em nós mesmos a angústia, a ansiedade, as compulsões, as inibições, as fobias, os psicossomatismos, as formas de agir que nos prejudicam, os padrões rígidos de defesa e as maneiras adoecidas de reviver algo que não sabemos de onde vem (a compulsão à repetição, descrita por Freud).

Repetir para elaborar

Nossas repetições são tudo aquilo que não elaboramos, que não integramos, que ficou no corpo, que era demais para processar e não pôde virar palavra nem sublimação, ou seja, não pôde ser simbolizado ou colocado a serviço de algo bom culturalmente, como a arte, que, em grande parte, carrega as angústias de quem as cria.

O psicanalista J.-D. Nasio explica que também repetimos o saudável, como nossas sensações inaugurais de prazer, para nos autopreservar, nos autodesenvolver e formar nossa identidade. Nesse sentido, a repetição saudável é aquela que aumenta nossos conhecimentos e ajuda na sua consolidação. Repetimos o traço que nos faz amar alguém singularmente, que será o mesmo traço carregado por todos os seres que amamos desde o nascimento, repetimos o mesmo e o diferente: o novo é o mesmo que se reatualiza, reconhecível, sob aspectos diferentes. Repetimos nossa maneira de nos vincularmos a uma pessoa, uma casa, uma cidade, uma coisa, um ideal, ou de nos separarmos disso tudo. Somos nosso inconsciente atualizado.

Na repetição adoecida dos traumas que aconteceram na infância, o autor diz que atuamos os mesmos perigos ou situações ameaçadoras numa tentativa de que agora possamos nos angustiar e nos proteger, ou pelo menos transformar o aterrorizante em angustiante. O passado que ainda não foi simbolizado e trazido à consciência explode no presente na forma de um sintoma ou de uma ação impulsiva.

Hoje em dia se fala muito em "gatilhos": situações, imagens, cheiros, sons, falas, locais ou atitudes que apresentam alguma similaridade com o que vivemos no passado e que provocam reações que expõem nossas necessidades não atendidas, a confiabilidade quebrada ou as dores que carregamos. Quando isso acontece, somos tomados por nosso eu infantil, como se fôssemos assombrados por essa criança, e a reação é automática.

No meu caso, quando minha filha tinha quase dois anos, comecei a reproduzir com ela grande violência verbal e até física na mesa do jantar. Eu me sentia impelida a obrigá-la a comer o que eu queria que ela comesse, da maneira como eu queria que ela comesse. Ainda não havia trazido à consciência todas as situações de silenciamento, violência verbal e medo que eu mesma havia vivenciado nos momentos em que minha família se reunia para o jantar, e precisei reviver o trauma atuando essas emoções que não tinham nome nem lembrança consciente, até que eu pude em análise dar nome ao que tinha vivido e parar de ser arrastada por essa repetição. Nasio descreve o que atuamos como uma emoção infantil sem nome, aguda, que acontece por ocasião de um episódio traumático dotado de características reais e imaginárias, tem caráter agressivo, melancólico ou sexual e faz o sujeito se sentir no centro do acontecimento, seja como vítima, agente ou testemunha, muitas vezes com um misto de prazer e terror, ódio e dor.

Em seu famoso artigo "A noção de trauma em Freud e Winnicott", o psicanalista e professor universitário Leopoldo Fulgencio aponta que, para Winnicott, o trauma diz respeito às falhas ambientais que interrompem a continuidade do ser e causam uma quebra na confiabilidade do ambiente, ou seja, na capacidade de "acreditar em". Essas quebras podem acontecer de algumas maneiras ao longo da vida: em primeiro lugar, na formação do bebê (nas falhas graves de manejo e apoio do início); em segundo, quando o ambiente (a mãe) precisa passar de uma adaptação quase absoluta às necessidades do bebê para uma adaptação relativa, e precisa haver uma falha nessa adaptação, porque a falta da falha será traumática para o bebê (a desilusão sustentada, em que o tempo do bebê é respeitado); em terceiro, na retirada do apoio e do suporte previamente existentes quando a criança já está maior e mais integrada; em quarto, na relação com as pessoas, que são uma possível fonte de trauma; e, em quinto, na invasão súbita de fatos da vida concreta que podem destruir a pureza da experiência individual.

Segundo Fulgencio, a família pode proteger a criança do trauma até certo ponto, quando consegue provê-la, no início, de condições de internalizar um ambiente seguro e confiável.

Infelizmente, também é da família que podem vir violências e intrusões terríveis, gerando quebra na confiabilidade, sintomas diversos e repetições de tudo que ainda não foi elaborado da violência e da negligência vivenciadas.

Mecanismos de autoproteção

Um dos sintomas de uma infância vivida num ambiente inseguro e não confiável, para além da repetição dos traumas, é a forma extremamente dual e rígida de se relacionar e viver. Não há espaço para a nuance, para o cinza, porque a vida em modo de sobrevivência tem altos custos para o psiquismo: cobra a nossa vivacidade e criatividade. Os relacionamentos com os outros e com nós mesmos se tornam enlatados, defensivos.

Para fins ilustrativos, trago aqui alguns exemplos disso. Como já falamos, os falsos *self* são maneiras de nos proteger da dor já vivida, mas acabam trazendo novas dores, porque na idade adulta a vida é mais complexa do que na infância, e o que antes serviu hoje pode atuar contra nós.

É importante dizer que, mesmo que alguns de nós apresentemos sintomas parecidos, nossa maneira de sentir é sempre própria, e as causas e consequências do que vivemos são sempre diferentes das de outras pessoas, ou seja, somos únicos, e nada pode nos definir completamente: nem diagnósticos, nem descrições dos nossos comportamentos. Cientes disso, podemos falar em falsos selfs que vão levar às ações descritas a seguir.

Permitir ou se fechar demais

Quem permite demais – em geral, quem foi a chamada criança "boazinha" – normalmente se adequou muito bem ao que os pais esperavam para si, reprimindo impulsos agressivos e instintivos para nunca parecer mal-educado, rude, animalesco ou impetuoso. Sente que não pode mostrar seu desconforto, e muitas vezes nem sequer consegue percebê-lo em si, somatizando muito do que sente.

Essa pessoa coloca as necessidades dos outros antes das suas, ou nem mesmo sabe do que precisa. Resigna-se facilmente e não permite em si indignação ou revolta, mas costuma acabar explodindo (e se culpando muito por isso) ou implodindo em doenças, falta de energia e sobrecarga. Não consegue encarar conflitos e tem grande medo de rejeição, de ser percebida como má e de decepcionar.

Trazer desconforto para alguém é equivalente a fazer algo de errado. Não consegue falar "não" para os outros, mas fala muitos "nãos" para si, preservando uma boa imagem. Nega problemas e diminui questões importantes em que teria que se implicar para se defender. Carrega diversas inibições e recalca muito da sua agressividade, que pode se converter em doenças e transtornos.

A pessoa permissiva não chega a se separar simbolicamente dos pais, sobretudo da mãe, que em geral tem postura controladora e onipresente, seja de maneira direta, por meio de críticas e demandas, ou indireta, por meio da pena, da martirização, da busca dissimulada de cuidados ou do desamparo. No caso das mulheres isso piora, já que são socializadas para a fragilidade, a dependência, a anulação de si e o sacrifício pelo outro. A mulher que permite demais pode não chegar a desejar muita coisa além de casamento e filhos, pois não lhe ensinaram que podia almejar mais do que isso.

No outro extremo está a pessoa evitativa. A criança que precisou ser invisível, cuidar de si mesma ou se endurecer para lidar com um ambiente danoso, caótico, cheio de competição e conflitos, costuma internalizar que conexões são perigosas. Até as busca, mas as rechaça assim que as encontra, como se precisasse testar a sobrevivência dos outros ao pior de si. Como muitas dessas relações realmente não sobrevivem, porque a pessoa evitativa procura o familiar nos outros (ou seja, o caótico, o conflituoso), ela acaba confirmando para si mesma que não pode depender emocionalmente de ninguém.

Esses indivíduos podem adotar o isolamento, a formação reativa (ódio quando gosta, ou seja, a inversão do afeto), ou o deslocamento dos afetos de pessoas para pets e objetos. Podem dissociar para lidar com o caos e com os sentimentos difíceis e para não entrar em contato com outros ou com situações estressantes, e assim não conseguem impor limites internos nem externos.

Podem negar suas necessidades, fugir de conflitos e apenas parecer tímidos ou quietos, reprimindo desejos de conexão e contato por medo de se perder ou de serem invadidos pelas pessoas. Mais uma vez, no caso das mulheres isso piora, porque ser quieta, contida ou invisível é o esperado para "boas meninas".

Na evitação, as pessoas se fecham, entendendo que estar sozinhas é mais seguro do que estar com os outros; fogem do confronto com os próprios medos e vulnerabilidades; e evitam aqueles que poderiam descobrir suas fraquezas. Sentem-se livres quando sós, porque quando acompanhadas entendem que têm que agradar e atender a altas expectativas.

Podem fugir e se dedicar demais ao trabalho, onde estar sempre ocupado auxilia na distração das inseguranças. Vale dizer que a distração não é ruim em si, pois pode ajudar a lidar com estados difíceis, mas, quando não vem junto da consciência de que está sendo usada para a fuga, pode piorar o problema em vez de amenizá-lo.

Na evitação desviamos do desprazer e do medo, o que muitas vezes os torna mais fortes, confirmando nossos sentimentos de inadequação e nos impedindo de descobrir que somos capazes de lidar com a situação.

Voltar-se demais ao outro e se autossabotar, ou se engrandecer enormemente

A criança que foi empurrada para a independência antes da hora, ou precisou ser a pessoa mais madura da família, pode ter entendido desde muito cedo que não seria vista e entendida (portanto, amada) se não fosse ao encontro dos seus cuidadores, em vez de esperar que eles viessem encontrá-la.

Pode ter sentido que não tinha saída a não ser tentar salvar seus cuidadores de si mesmos e das circunstâncias, diante de privações financeiras e afetivas, ou diante de adicções, de transtornos e de doenças.

Provavelmente precisou apagar suas necessidades, pausando o próprio desenvolvimento emocional para ser apoio, facilitação e cuidado para outras pessoas, na tentativa de melhorar o ambiente para que um dia ela talvez possa ser bem cuidada por esses cuidadores.

Por terem normalizado essa dinâmica, muitos continuam tentando aplacar suas angústias empenhando-se em salvar os outros, fazendo par com indivíduos "quebrados" para consertá-los e aproveitando para garantir que eles não os abandonem, dependentes que estão. São pessoas adultas que normalmente carregam em si a marca da impotência, porque internalizaram que não conseguiram salvar seus pais de si mesmos ou de circunstâncias aterrorizantes. Por causa do desamor e do desamparo, várias, de maneira narcísica, se colocam na posição de salvadoras, na tentativa de se darem a importância que não tiveram na família.

Muitas se sabotam para continuar dando mais importância aos outros do que a si, de tão imersas que estão nesse papel. Acerca da autossabotagem, Freud diz em seu artigo "Alguns tipos de caráter encontrados no trabalho psicanalítico" que existem pessoas que fracassam quando triunfam, e que isso pode ter a ver com sua forma de sentir culpa. Pode haver culpa, por exemplo, por ultrapassar em conquistas os cuidadores, ir além do que foram, o que leva o filho a se sentir desprotegido, sem exemplos a seguir e sem receber dos pais apoio ou reconhecimento, possivelmente barrados pela inveja deles. Elas podem se autossabotar com o objetivo inconsciente de punir o outro (ficando numa relação adoecida numa tentativa de se vingar pelo que não receberam, não dando ao outro a chance de experimentar uma relação mais saudável, por exemplo) ou de não se submeter às ordens de um pai ou de uma mãe (indo mal em um concurso porque nunca quiseram de verdade fazê-lo, por exemplo). Também podem sabotar o próprio desejo por medo do que viria depois, do vazio de orientação e de objetivos.

O psicanalista Contardo Calligaris disse que muitos de nós vivemos a satisfação na culpa: depois de nos punirmos bastante, ficaríamos paralisados, entendendo que já sofremos muito, então não precisamos fazer mais nada a respeito da situação pela qual sentimos culpa.

De novo, no caso das mulheres essa situação se agrava, já que são hiper-responsabilizadas pelas tarefas de cuidado, são excluídas do mundo do trabalho, da conquista, do dinheiro, e são ensinadas a não serem arrojadas e ambiciosas. A autossabotagem pode então ser uma forma de voltar para o "lugar da mulher": o do cuidado dos outros.

No outro extremo, muitas pessoas, por causa do desamparo absoluto que viveram, precisam trancar a sete chaves toda sensação de serem ruins, pequenas e indignas, e o fazem se engrandecendo demasiadamente à custa de terceiros e se colocando em primeiro lugar sempre. Com um narcisismo descontrolado, não conseguem construir laços com os outros, com frequência passando por cima deles, sem nenhuma empatia, utilizando-se de perversidade para atingir seus objetivos e criando caos e destruição emocional por onde passam. Podem ser bastante ligadas a aparências, conquistas materiais, financeiras ou intelectuais, muitas sendo membros admirados da sociedade, sobretudo se forem homens brancos.

Não confiar em si ou nos outros

A falta de autoconfiança pode levar à dependência do outro, como na infância. Embora nenhum adulto possa ser considerado cem por cento independente, porque precisamos do olhar do outro, da recíproca nas relações, quem passa a agir de maneira dependente nessa fase da vida pode estar tentando compensar a falha nos seus cuidados iniciais, buscando um ambiente seguro em que possa confiar (o embrião da confiança em si) e onde possa ser ele mesmo, mostrar suas emoções difíceis e ter apoio. Uma pessoa pode ser levada à dependência adoecida ao internalizar que causa decepção, raiva, medo e tristeza nos outros, e que ela mesma é responsável por fazer os outros felizes, repetindo uma dinâmica que acontecia com os pais, por exemplo.

É saudável retornar a um estado momentâneo de dependência quando necessitamos, quando passamos por situações difíceis e pontuais, e em momentos desafiadores da vida, mas não é saudável nos tornarmos dependentes de figuras que não podem nos dar segurança e agem de maneira controladora, onipotente, punitivista, crítica, invasiva ou negligente. Infelizmente, na dependência emocional, a pessoa acredita que precisa provar para quem a machuca que é digna de ser amada e cuidada, e pode passar a vida tentando convencer esse alguém de que merece a segurança que ele não lhe traz.

Mesmo num relacionamento em que a relação é "mais segura" e não há abuso, a dependência emocional pode estar operando como um tapa-buraco do vazio existencial ou do medo da morte, do desamparo, da própria potência, dos instintos sexuais, da autorresponsabilidade e do desejo.

As relações que tentam atingir uma completude absoluta são relações neuróticas (que remetem à busca do útero, da noção de dependência completa), nas quais duas metades de uma mesma laranja se complementariam por inteiro, e assim evitariam sofrimento e dor, sem ter que se responsabilizar totalmente por si, por seus acertos e erros, e por sua autonomia. Essa é mais uma situação em que as mulheres levam a pior, já que são ensinadas a permanecer em estado de dependência, entendendo que sua vida precisa ser complementar à do homem.

A dependência pode vir quando somos ensinados que não podemos agir por nós mesmos, porque não conseguimos: em última instância, se o outro faz por nós coisas que poderíamos fazer, para as quais temos capacidade, cria-se dependência.

Ainda dentro do espectro da falta de confiança em si estão as pessoas que precisam saber de tudo, controlar e vigiar o mundo de forma onipotente, porque sentem que assim estarão seguras. Essas pessoas nunca chegam a sentir que podem lidar com as situações conforme elas vierem, pois normalmente tiveram uma infância marcada por grandes lutos, vícios, transtornos ou doenças dos pais ou de irmãos, ou seja, situações que não puderam controlar, salvar, minimizar ou melhorar. Em geral, não confiam em si porque não puderam confiar em seus cuidadores, não internalizaram um ambiente seguro. Muitas não foram aceitas por quem eram na infância e não tiveram espaço para confiar em sua autonomia e suas escolhas diante de situações desafiadoras.

Se foram criadas num padrão de parentalização, o controle pode vir da necessidade de estabilizar o ambiente, da ânsia de aliviar o sofrimento do outro para não sofrer com a imaturidade e a desproteção dele. Podem viver controlando o outro para não reatualizar sua própria dor infantil de terem sido ignoradas, abandonadas, humilhadas e desconsideradas.

Essas pessoas podem ter pensamentos obsessivos e comportamentos compulsivos para aliviar a tensão psíquica dos sentimentos e desejos impronunciáveis. Querem evitar a imprevisibilidade e a dor da incapacidade, da insegurança e do medo; quando não conseguem, se sentem angustiadas, o que pode levar a ainda mais controle e menos confiança em si, por consequência limitando a conexão verdadeira com os outros. Se forem mulheres, podem sofrer ainda mais com isso, já que são socializadas para não arriscar, para sentir medo e para não confiar em si.

No outro extremo, temos a hiperindependência. Quem é hiperindependente entende que não pode pedir ajuda ou confiar nos outros nem para o mínimo, em geral pelo mesmo motivo das pessoas controladoras: porque não conseguiu internalizar um ambiente seguro na infância.

A pessoa "fortona" se engana, dizendo a si mesma que aguenta tudo, que pode dar conta de qualquer coisa, que é capaz de resolver todos os problemas sozinha. As mulheres são ensinadas desde cedo, por meio da hiper-responsabilização, que, quanto mais aguentarem e mais fizerem, mais bem posicionadas na vida estarão. De muitas maneiras, isso faz com que se negligenciem, porque estão muito ocupadas fazendo coisas pelos outros, tentando aplacar seus problemas, suas tristezas, suas decepções (com o objetivo de confiar mais nesse outro, que se tornaria mais "estável"), e deixando de olhar para as próprias dores.

A fortona sente raiva e ressentimento, porque ninguém age como ela, ninguém se coloca tão na linha de frente como ela, mas reprime esses sentimentos para continuar "em ação", tentando se manter altamente produtiva. A alta produtividade é usada então como uma defesa contra a angústia, contra os conflitos internos, contra a solidão e contra a falta de confiança nos outros. A fortona esconde a vulnerabilidade, o medo e a tristeza atrás da raiva, porque precisa ser vista como uma guerreira que tudo suporta, normalmente tendo esse rótulo como único ganho e reconhecimento pelo que faz.

Consumir muito ou desapegar totalmente

Esse falso *self* substitui a conexão autêntica pelo consumo de coisas, pessoas e situações. Por exemplo: consome a espetacularização da vida via fofocas nas redes sociais; fagocita e consome a vida dos familiares; faz compras em demasia; come e bebe de forma descontrolada; consome sexo e pornografia em exagero, ou hipersexualiza a si mesmo ou aos outros; faz uso de remédios além do necessário; fuma em excesso; está sempre em busca de novidades, como novas dietas, novos gurus, novos assuntos; ou consome o caos através de brigas e conflitos constantes.

Em uma sociedade capitalista e utilitária, uma das principais saídas para nossos afetos difíceis é o consumo, pois nos prometem que, por meio dele, aplacaremos nossa angústia e estaremos de alguma maneira mais protegidos do sofrimento. Tentamos então tamponar o vazio com a idealização de coisas e objetos, projetando os afetos difíceis e o que não aceitamos em nós mesmos nos outros, ingerindo substâncias que visam nos preencher, proteger e amparar quando não nos sentimos preenchidos, protegidos e amparados. Podemos nos viciar em coisas que substituem aquilo que nos faltou em idades formativas e que não estamos ativamente buscando na vida adulta.

No outro extremo, temos a negação dos confortos físicos e materiais, seja por culpa (não querer ter aquilo que os pais não tiveram, sob o risco de sentir que os está traindo e atraindo para si desamor), por medo (de não saber como seria a própria vida sem as dificuldades), por ganho (suscitar dó, pena, algum olhar do outro), ou por outras razões.

A simplicidade pode vir de um lugar saudável, mas pode também ser um sintoma, uma consequência do desamor, de ter recebido pouco e de se manter nesse lugar na esperança de que alguém o salve.

Mostrar-se sem falhas ou mostrar-se danificado

A busca da perfeição pode estar atrelada a condições que já mencionamos antes, como precisar amadurecer e ser independente antes da hora. Isso pode levar o perfeccionista a ser percebido como arrogante, quando na verdade ele tem medo de depender dos outros. O perfeccionismo está ligado também a uma crença de que a perfeição é possível, em geral através de muita crítica, punição, controle e intolerância a erros.

Também acontece de os erros serem associados a incapacidade e incompetência e tratados com punição verbal ou física, o que pode levar as pessoas perfeccionistas a entender que, se não forem fazer algo de maneira perfeita, então nem devem fazer (e aqui entra a procrastinação). No caso dessas pessoas, o aprendizado advindo da caminhada, do processo, foi impedido.

O perfeccionismo também está relacionado a certo apego à imagem: conquistamos coisas para não perceber que somos pequenos e esconder os vazios, os erros, as impossibilidades, as questões mais difíceis em nós, o que pode se tornar uma prisão, uma busca eterna do eu ideal. É por isso que muitas pessoas se orgulham de serem consideradas perfeccionistas, ainda que sofram com isso.

As mulheres costumam ser mais afetadas, por causa da socialização feminina, que é voltada para cuidar e "dar conta de tudo", e interpretam o fracasso nessa missão como incapacidade pessoal. No caso das pessoas negras, a psiquiatra e psicanalista Neusa Santos Souza aponta que se tornar as melhores em algo pode ser um caminho de subjetivação, pois aprenderam que precisam compensar seu "defeito" (não serem brancas, de acordo com a visão racista do eu ideal). No entanto, mesmo quando atingem esse objetivo, ainda perdem, porque efetivamente não são brancas – e assim a busca da perfeição continua.

O perfeccionismo pode também acabar barrando desejos pela via da impossibilidade, ou seja, as circunstâncias imperfeitas paralisam a pessoa e a levam a não perseguir seus anseios. O perfeccionista também corre o risco de ficar preso ao mecanismo da idealização, entendendo que não pode agir se não for exatamente como o planejado, como o sonhado, como a sociedade ou os pais disseram que tinha que ser. Por isso, pode se tornar extremamente explosivo ou implosivo.

No outro extremo está a criança que busca a perfeição e, como não a alcança, cede à desistência, à impotência, à obediência, à submissão e à vocação para o desastre, por não satisfazer seus cuidadores.

Essas crianças costumam ser tratadas como o bode expiatório da família, sendo colocadas no lugar de ovelha desgarrada. O grupo elege alguém para representar seus problemas e segredos, para ser o receptáculo de dor, para criar a ilusão de ser o único quebrado, enquanto todos os outros estão ótimos e a família não tem questões a serem revistas. Os filhos colocados nessa posição se mostram danificados, sendo tratados como aqueles que "já nasceram errado".

Esse filho, em geral, atura o sofrimento a que foi submetido e as falhas no ambiente, tentando causar dor de volta. Explode e usa a raiva para esconder sentimentos mais difíceis, que o deixariam mais vulnerável.

Pode começar a praticar atos antissociais, que na verdade representam a esperança de que o ambiente possa voltar a prové-lo de algo que antes provia: olhar, amor, reconhecimento, entendimento. Em *Privação e delinquência*, Winnicott diz que o ato antissocial se refere a alguma coisa que a criança tinha e se perdeu, ou da qual sente que foi privada.

Essa criança pode virar um adulto com dificuldade de acessar sua humanidade e a humanidade dos outros e que busca cada vez mais os ganhos secundários da sua atuação "quebrada".

Pode também crescer completamente sem esperança nas pessoas, no mundo e em si, com problemas para estabelecer relações autênticas e verdadeiras.

É importante ressaltar que todos temos dentro de nós um pouco de cada um desses mecanismos e sintomas, que se misturam e se revelam diante de cada situação desafiadora. Também vale dizer que existem muitas outras maneiras de lidar com a dor emocional que não foram descritas aqui. Nossa complexidade está além de qualquer rótulo ou classificação, e precisamos sempre ser olhados na nossa integridade, como seres de subjetividade, de história e de contexto próprio que somos.

É também essencial, como disse Clarice Lispector, que não desejemos acabar com nossos defeitos, porque "nunca se sabe qual é o defeito que sustenta nosso edifício inteiro". O processo tem muito mais a ver com conseguir ter clareza e aprender a negociar com o que sentimos e o que vivemos do que com tentar extinguir nossas maneiras de viver e sentir.

Como nos protegemos da dor no início

É fato que todos nós produzimos maneiras de nos defender da dor que vivemos no início da vida. Nenhuma criança tem condições psíquicas de perceber, nomear e enfrentar as negligências e invasões a que é submetida de maneira que não se prejudique.

Quando a dor que não consegue ser digerida pelo nosso psiquismo acontece muito no início da infância, mecanismos bastante rudimentares precisam ser erguidos para nos defender, e passamos então a agir não ancorados pela certeza da segurança, do acolhimento e do apoio, mas pelo medo.

A divisão do psiquismo num falso *self* rudimentar é um exemplo disso: pode ser que os pais entendam que o bebê aprendeu a dormir sozinho quando deixado chorando, mas ele pode ter simplesmente "cindido" diante do desamparo e parado de buscá-los, abandonando um gesto espontâneo e parando de chorar (é importante dizer que esse bebê sempre poderá retomar seu desenvolvimento com o apoio de um ambiente suficientemente bom).

Quando esse falso *self* se desenvolve numa fase posterior, num momento em que já estamos minimamente integrados (com o ego mais forte), é para que nos submetamos ao que o ambiente espera de nós, evitando assim decepção, rejeição ou imprevisibilidade caótica. Para sermos amados e vistos, ou pelo menos não tão negligenciados e violados, adotamos personalidades "mais adequadas" – em diversos níveis, do mais normal ao mais patológico –, como a boazinha, o controlador, o evitativo etc., sobre as quais já nos debruçamos. Uma das principais defesas aqui é a negação, porque a criança que precisou criar uma máscara não adquiriu a espontaneidade, a pureza no humor, e, por consequência, não pôde entrar em contato com seu humor deprimido (o que seria uma conquista, na medida em que ela pararia de negar sua realidade interna para fazer algo a respeito de sua situação externa).

A negação também pode continuar sendo usada na vida adulta para ajudar a pessoa a não entrar em contato com grandes frustrações, com desejos que não consegue assumir, com os estados de humor que considera ameaçadores para si, com uma realidade com a qual não está fortalecida para lidar, ou com os danos que potencialmente causa a si ou ao outro. Não é incomum que um pai ou uma mãe negue todas as surras que deu nos filhos quando pequenos, por exemplo, por não conseguir lidar com os afetos que isso suscita em si e com a dor que provocou nos outros.

A introjeção e a identificação projetiva são outros mecanismos descritos por Klein nessa fase inicial. A introjeção acontece quando se atribui a objetos (começando pelo seio, polegar etc.) um status de onipotência, tanto para o bem quanto para o mal, já que seriam capazes tanto de uma gratificação enorme, quando satisfazem a criança, quanto de uma frustração imensa, quando não o fazem, e em ambos os casos ela absorverá essas características como suas. Dito em outras palavras, pegamos algo que o outro nos oferece e sentimos que vem de nós, mesmo que seja algo ruim, como quando alguém nos trata mal e pensamos que devemos ser muito maus para sermos tratados assim.

Na identificação projetiva, há uma capacidade de atribuir a outras pessoas nossos próprios sentimentos, principalmente o amor e o ódio, e confirmar nossa identificação com eles a partir disso. Em uma situação conflituosa na família, por exemplo, o sujeito sente que não pode assumir o ódio por uma pessoa, então projeta que está sendo odiado por ela e lida com esse conflito a partir dessa perspectiva, não a partir do que a outra pessoa realmente sente por ele.

Essas duas dinâmicas podem continuar a ser usadas por toda a vida adulta de alguém, em momentos de adaptação e de dificuldade. Porém, conforme a pessoa amadurece, as introjeções e projeções tendem a diminuir, porque ela se torna mais capaz de tolerar em si a ambivalência, o amor, o ódio, a dependência e a vulnerabilidade, e não precisa projetá-los tanto nos outros.

Klein fala também do controle onipotente, já que a criança, em fantasia, não apenas deseja algo, como realmente acredita fazer com que isso aconteça, e esta também é uma defesa fantasiosa que muitos adultos ainda carregam em seus processos.

Freud e, posteriormente, Anna, sua filha, nomeiam mecanismos que aparecem quando as relações são menos duais e mais triangulares. É então que aparecem o recalque das ideias e dos desejos e a repressão dos afetos que consideramos ameaçadores. Como já falamos, é o caso de esquecer sem esquecer, ou seja, de expulsar da consciência tudo que nos faz sentir ameaçados. Junto disso pode vir também a somatização, ou seja, mostrar no corpo os conflitos intrapsíquicos que não conseguimos nomear e enfrentar. Esses conflitos geralmente se referem a uma "briga" entre a imagem que queremos manter de nós mesmos (bondosa, forte, generosa etc.) e as características, os desejos, os instintos e os sentimentos que classificamos como impronunciáveis.

A partir do recalque, existem muitos outros mecanismos que utilizamos para nos proteger e nos defender da dor: a formação reativa (transformar afetos, desejos e pensamentos que não podemos admitir em seu extremo oposto, como quando o homem que quer abusar de crianças se junta a instituições de combate à pedofilia); o deslocamento (repassar os sentimentos difíceis para outra pessoa menos ameaçadora, como quando chegamos em casa e descontamos o estresse do trabalho nos filhos); o isolamento (tirar a carga dos afetos das narrativas, ideias e memórias, como quando contamos nossos piores sofrimentos como se fossem corriqueiros); a racionalização (criar justificativas racionais defensivas para um acontecimento, com carga negativa ou não, como quando dizemos que apanhamos porque é necessário para formar caráter); a moralização (fazer julgamentos rígidos, em termos de certo e errado, como quando avaliamos algo complexo de maneira muito simplificada); a idealização ou desvalorização (definir as coisas de forma dicotômica, como muito boas ou muito ruins, sem nuances); entre outros.

Em suma, nossos mecanismos de defesa são padrões de proteção de ameaças que usamos nos relacionamentos e nos períodos de maior estresse psíquico, operam pelo sistema nervoso autônomo – são respostas automáticas –, e, quando muito rígidos, podem estar associados a psicopatologias.

É importante dizer que na infância esses mecanismos em geral serviram à nossa proteção, mas na vida adulta não conseguem mais dar conta da complexidade que enfrentamos e viram formas de lidar com situações desafiadoras que podem mais atrapalhar do que ajudar.

Um exemplo: uma pessoa que foi abandonada pelo pai e não conseguiu elaborar minimamente esse trauma sente muita insegurança quando chega o momento de deixar seu filho ir para a escolinha, deslocando para ele o terror (e a possível raiva inconsciente do pai) que precisou recalcar na própria infância para sobreviver. Sente, então, que a criança sofrerá na escola a mesma solidão que ela sofreu ao ser abandonada pelo pai. Aos olhos dos outros, essa pessoa pode ser percebida como superprotetora, mas na verdade está tentando proteger a si mesma na figura do filho. Se essa dor não for percebida, nomeada, sentida com apoio e elaborada, provavelmente o cuidador não conseguirá negociar com esse sintoma e lidar, no menor grau que seja, com a dor de estar separado da criança, prejudicando-a enquanto se autoprejudica – porque a relação pode sofrer abalos –, trazendo para si a rejeição que tanto evitava.

O filme *Elementos*, da Disney, traz outro exemplo dos sintomas que criamos e dos mecanismos de defesa atuando com eles. Apesar de ser um filme que reproduz problemáticas patriarcais bastante explícitas sem problematizá-las, quero focar apenas na questão subjetiva da protagonista. A narrativa trata dos quatro elementos, que tomam vida na figura de personagens fofos, em especial a menina Faísca e sua família, que são de fogo. Ela é incumbida da responsabilidade de continuar o negócio familiar, a loja do pai. Esse pai, que não teve a bênção do próprio pai por ter ousado se mudar do local de origem da família para construir a loja, transfere então para a filha a pesada tarefa de redimir todo o seu sofrimento e compensar todo o sacrifício que precisou fazer. O discurso não é claro assim, obviamente. O pai engendra uma narrativa poética, quase heroica, a seu respeito, que é repetida pela filha, presa ao *script* construído por esse pai: o de continuação, de sacrifício pela família e de sucesso predeterminado.

Faísca começa a ter explosões de raiva constantes ao lidar com os clientes da loja e não entende por que não consegue se acalmar; acha que é uma péssima filha, que é incapaz, que não saberá dar sequência ao negócio do pai. O desejo dela, posteriormente admitido, era não assumir a loja, mas isso lhe trazia tanta angústia que ela preferia fazer e manter o sintoma (explosões de raiva), recalcando o ódio que sentia do peso da tarefa e do próprio pai, que transferia esse peso para ela, voltando-o todo para si mesma. O medo de como o pai reagiria à sua insubmissão, de como ele a trataria depois que ela confessasse seu real desejo (ainda a amaria?), a fazia preferir o sintoma à incerteza.

Como vemos, nossos sintomas serão sustentados pelo sistema de defesa do ego, ou seja, por um exército de dinâmicas que farão o trabalho de manter inacessíveis o desejo e o sentimento que não queremos admitir para nós mesmos, porque ainda não temos segurança e apoio para isso. No exemplo de Faísca, possivelmente o recalque e a negação foram os principais mecanismos que sustentaram o sintoma, além da idealização que ela fazia do pai, talvez por questões edipianas latentes.

Os mecanismos de defesa fazem uma "formação de compromisso" com o conteúdo recalcado, o que no caso de Faísca a impeliu a preferir a certeza do sofrimento ao sofrimento da incerteza, como disse Bessel van der Kolk.

O espelhamento da realidade emocional na relação romântica

Muitas de nossas defesas e sintomas aparecem pela via do amor romântico, ou seja, pela heterossexualidade compulsória. Este conceito se apoia na construção de alguns mitos quanto ao relacionamento esperado entre um homem e uma mulher, os quais foram e são reforçados por várias pedagogias, mas em especial pelas representações nos contos de fadas. Por meio deles, mulheres são ensinadas desde cedo que só serão completas, felizes e dignas com um homem (e seus consequentes filhos), porque esse é seu lugar, portanto suas aspirações devem coincidir com esse objetivo.

Para chegar lá, passamos a vida sendo preparadas para ser escolhidas por esse homem, e quanto mais doces – quase sempre significando dóceis, ou seja, submissas, passivas, tranquilas e separadas de nós mesmas – formos, maior será a chance de o príncipe nos manter por perto, como aponta a feminista Andrea Dworkin. Nesse contexto, somos instruídas a nos colocar no mundo como objeto de desejo, não a ser o sujeito que deseja.

Fomos ensinadas a amar quando somos escolhidas e desejadas, a buscar ser o objeto que completa o homem com nossa beleza, nossa entrega, nossa dedicação e nossos sacrifícios, enquanto somente a escolha do homem já nos subjetiva, nos transforma em "alguém". O paradoxo é que nos ensinaram – e alimentamos essa fantasia – que o outro deveria nos completar também, cuidando de nós, nos livrando do sofrimento, da dor e da responsabilidade pela nossa vida. Nessa ilusão, nosso par adivinharia sem pestanejar quais são nossas principais necessidades e as sanaria sem problemas, saberia de cor e salteado o que nos machuca e seria o príncipe com quem viveríamos felizes para sempre, além de um grande provedor e cuidador, quase como um pai (olá, Édipo).

É uma armadilha, porque ninguém tem o poder de completar ninguém, em última instância. Somos pessoas, não uma fruta cortada ao meio. Se sentimos que estamos pela metade, o trabalho a fazer deveria ser buscar as partes que faltam dentro de nós mesmos, não fora, em outra pessoa.

Quando olhamos para as características do que seria um verdadeiro amor de parceria – aquele que não espera completude, ou que pelo menos questiona esse desejo –, vemos claramente que o sentimento é apenas uma parte pequena da coisa toda, e que não é esta parte que sustenta a relação. Relacionamentos são construções diárias, que operam por meio de comprometimento e compreensão, ou seja, estão muito mais na esfera da ação do que do sentimento, como elucida bell hooks em *Tudo sobre o amor: novas perspectivas*.

Esse amor seria construído diariamente nas pequenas e grandes ações, indo muito além da paixão, que é fisiológica e passageira, como um entorpecimento. A solidez aqui seria uma consequência da reciprocidade: amamos e precisamos ser amados para não adoecer, como declara Freud em "Sobre o narcisismo: uma introdução".

No amor de parceria construtiva, sobressaem o diálogo e o desejo de respeitar o outro. O conflito existe, mas não há tanta punição com desamor, ameaças diretas ou indiretas, chantagens emocionais, culpabilização constante e negação da realidade emocional do outro. Quando essas violências acontecem, elas podem ser nomeadas e reparadas, e pedidos de desculpa e mudanças de atitude realmente acontecem. O desejo de respeitar mora exatamente aí: na alteração comportamental, na implicação e na responsabilização pelas próprias ações, não nas palavras bonitas e nas promessas que o vento leva.

Opiniões, interesses e gostos distintos existem, ou seja, a autonomia não é perdida em prol da fusão com o outro, pois no amor construtivo ninguém apaga uma metade de si para que o par a complete. Nessa parceria, o casal pode não sentir as mesmas coisas – ninguém sente igual –, mas um acredita nos sentimentos do outro e minimamente o valida e o apoia nas dificuldades.

Há períodos de ódio sem que sua expressão precise de violências, e por isso esse amor tem chance de sobreviver. Na parceria, duas pessoas podem ter objetivos distintos como indivíduos e objetivos parecidos como casal. Os acordos mútuos são respeitados e há comunicação aberta na maior parte do tempo, com cada um entendendo aquilo de que precisa e comunicando-o de maneira clara. O amor aqui é traduzido em curiosidade acerca do mundo interno do outro, em compaixão nas piores fases, em escuta sem querer consertar, aconselhar ou competir em dor com o outro. O afeto é demonstrado para além da busca de sexo. hooks apresenta as seguintes práticas como parte da ética amorosa: o cuidado, o afeto, o compromisso, a confiança, a responsabilidade, o respeito e o conhecimento.

O amor do outro sempre apresentará faltas, não será como esperamos nem terá um encaixe exatamente perfeito, mas mesmo assim pode ser construtivo e saudável. Diante da socialização feminina e da masculina, ou seja, da prevalência de dominação e submissão simbólica e concreta, podemos dizer com bastante certeza que as relações de parceria construtiva são as exceções, e isso acontece não porque fomos incompetentes em encontrar o parceiro que seria a exceção, mas porque a própria estrutura que atravessa nossa subjetividade nos empurra para as uniões heterossexuais e desiguais, que são a regra. Essa estrutura ensina mulheres a tentar sempre entender seu mundo interno, a buscar análise e a investir na melhoria do relacionamento, enquanto ensina o homem a receber todo o benefício dessas ações sem se implicar nelas.

Assim, não é nem um pouco benéfico aconselhar mulheres a passar a vida perseguindo o homem que seria a exceção a essa regra; o ideal seria lhes dizer que, em vez disso, não apostem todas as suas fichas no amor romântico. Também podemos nos realizar no amor da família, de amigos, de outras mulheres, que desde sempre são ensinadas a rivalizar e a se odiar.

É importante também salientar – diante da socialização masculina para a invulnerabilidade e diante dos números de violências praticadas por companheiros e ex-companheiros – que, mesmo que relações sejam uma aposta sem garantias, é preciso haver alguma segurança: podemos, de período em período, reavaliar se estamos ao menos emocionalmente seguras naquela relação. Os homens são criados com a certeza de que serão amados e cuidados, pontua Zanello. As meninas recebem a mensagem de que serão amadas e cuidadas no casamento, mas em geral não é o que acontece na prática.

O que acontece são grandes idealizações e fantasias, baseadas não somente no que a cultura nos informa que devemos esperar de um parceiro, de uma parceira ou de uma relação, mas também em nossas primeiras ligações amorosas, resultados do nosso Édipo.

A bagagem familiar

bell hooks, apoiada em Winnicott, afirma que muitas pessoas que buscam o amor foram ensinadas na infância a se sentirem indignas, a sentir que ninguém poderia amá-las como realmente eram, por isso precisaram construir para si um falso *self*, que é exatamente a máscara pela qual alguém se apaixonará na idade adulta. De acordo com ela, em algum ponto, relances do verdadeiro *self* emergem e podem trazer a decepção do outro, confirmando para essas pessoas a mensagem de que não são amáveis e dignas.

Por não termos familiaridade com as partes de nós escondidas pela máscara, não sabemos lidar com elas, e acabamos sabotando nossas relações, fabricando para nós um destino parecido com o que tivemos na relação com nossos pais. Criamos e mantemos relacionamentos que repetem e atualizam nossos primeiros dramas familiares.

Chegamos às relações amorosas trazendo conosco todas as nossas relações anteriores, não só as românticas, mas também (e principalmente) as familiares. Nosso entendimento do que é ser amado é construído por essas figuras iniciais, o que pode nos causar um problema: na compulsão à repetição, podemos reviver situações de abandono, rejeição, traição, humilhação e desamparo; podemos recriar o trauma das nossas ligações primordiais, repetindo padrões abusivos em busca de um "fim", de um sentido para o que vivemos, de algum alívio para o terror que experimentamos. Os "gatilhos" do relacionamento atual tentam apontar para os traumas nos relacionamentos anteriores, tanto parentais quanto românticos. Não é raro que uma pessoa não consiga associar carinho físico a relaxamento e prazer, por exemplo, porque foi abusada sexualmente quando criança, ou porque os pais só tinham proximidade física com ela por meio de palmadas e surras.

Existem fatores concretos importantíssimos que prendem pessoas em relações abusivas e adoecidas: dependência financeira, medo por si, medo pelos filhos, ou ameaças reais de pobreza, de perda de guarda, da acusação de alienação e até de morte. Mas, mesmo sem essas travas, também podemos inconscientemente normalizar (e permanecer com) pessoas que nos lembram o que vivemos na infância: parceiros críticos, autoritários, que sempre nos culpam por tudo, que nunca estão disponíveis, que se fecham, que nos invalidam, que não acolhem nem escutam, que são sexual e fisicamente abusivos, que precisam ser consertados, resgatados ou cuidados, que nos traem, nos controlam e nos dominam, que nos isolam e nos mantêm dependentes, e que ainda assim tememos que nos abandonem. Mesmo que haja pistas de que a pessoa já praticava ações abusivas, o trauma inicial – ter sido tratada exatamente dessa maneira pelos pais – pode nublar a capacidade da vítima de reagir e até de perceber o que está vivendo como prejudicial.

Diante do trauma na família de origem, uma pessoa também pode: se fechar completamente, evitando qualquer vulnerabilidade e intimidade; adotar comportamentos de dependência, de controle ou de "teste" (mostrar seu pior lado para ver se o outro fica ou vai embora); ou sabotar a intimidade (com medo de ser realmente vista e então abandonada, abandona antes, causando em si a dor que não pôde suportar que o outro causasse).

Sem ter internalizado uma imagem de si digna de receber cuidados, afeto, confiança e apoio do parceiro, é possível que essa pessoa precise construir uma "segurança controlada", patrulhando de perto os comportamentos e sentimentos do parceiro para ter chance de "consertá-los", na tentativa de prever e controlar cada atitude dele com o objetivo inconsciente de se precaver e se proteger contra a dor de talvez reviver o abandono, a rejeição, a traição.

Pode também permanecer em ciclos intermináveis de brigas e exigências, partidas e voltas da relação, pode pedir provas de amor abusivas, restringindo a autonomia do outro e demonstrando ciúme exagerado, e em muitos casos pode usar o sexo para tentar "prender" o outro, tudo isso com o objetivo de simular ou construir alguma segurança de fachada.

A realidade emocional das pessoas nas relações amorosas reflete muito do que viveram quando crianças e do que a família internalizou e experienciou da cultura vigente: as pessoas se relacionam com o outro e seus sintomas, através de si e dos seus sintomas. Freud fala da união complementar do histérico com o neurótico obsessivo, e na prática vemos isso se atualizar de diversas maneiras: o casal em que um é evitativo e o outro é dependente, em que um é desatento e o outro é supercontrolador, em que um é mais filho do que amante e o outro se fixa na posição de cuidador do parceiro. Não sabemos se o encaixe dos sintomas vai acontecer, mas é fato que nos relacionamos também através deles.

Podemos nos empenhar em nos familiarizar com nossos sintomas e entender algumas dinâmicas familiares importantes atuando em nós e, por consequência, no casal. O amor não pode ser considerado apenas um mistério, algo transcendental que atravessamos confusos, sem entender por que fazemos o que fazemos. Em vez disso, deve ser entendido como uma construção que todos podemos nos prestar a fazer e que, adiciono, conterá uma boa dose de falta e de perda.

Todo amor contém perda, pois perdemos nosso narcisismo para investi-lo num outro – e não adoecer sufocados pelo excesso de nós mesmos –, e é exatamente porque arriscamos e perdemos algo que também podemos ganhar algo, só não conseguimos prever o quê.

Silmara*

Nas minhas redes sociais, costumo levantar discussões e tratar abertamente do tabu da família adoecida e do desamparo feminino. Talvez pela sensação de anonimato e alguma proteção que essas redes trazem, as mulheres se sentem muito à vontade para me escrever suas histórias. Silmara é uma delas.

Ela me conta que veio de uma família de classe média alta e que, pelos padrões sociais, "teve de tudo": boa escola, casa confortável, comida sempre na mesa, roupas da moda, carro na garagem e viagem nas férias. E me fala da sensação de esvaziamento de si que sentia sempre que estava na presença de seus pais, se culpando muito por isso, se sentindo a mais ingrata de todas as filhas.

Fala também que em certo momento percebeu que tinha algo de errado em casa, para além da imagem de casal perfeito e de família ideal que seus pais projetavam. Diz que foram as crises de pânico na adolescência que a levaram a dar nome aos problemas familiares que as causavam: os conflitos agressivos constantes, a violência verbal e física do pai contra a mãe e o extremo controle dos dois sobre ela mesma. E me diz que sofreu muita invalidação e violência verbal quando enfrentou os pais e apontou

---

* Este e todos os nomes aqui citados foram modificados para proteger a identidade das pessoas.

diretamente os problemas, mas que ainda se forçava a amá-los e estar do seu lado por causa da culpa que sentia ao acusá-los.

Depois de um tempo, Silmara conseguiu um emprego e percebeu que não haveria mudanças na família, que ela nunca seria ouvida, por isso tomou a decisão de se afastar fisicamente dos pais. Conta que foi taxada de egoísta e mentirosa quando decidiu sair de casa aos 18 anos. E diz: "Ainda lido com muito sofrimento por ter saído. Minha família toda se virou contra mim, mas sei que seria ainda pior permanecer".

Silmara me conta que se casou rápido demais, com o primeiro homem que a enxergou como mulher. Aos 21 anos, já tinha uma filha pequena, e se viu presa a um relacionamento emocionalmente pobre, abusivo, em que o marido não permitia que ela trabalhasse e a culpava por tudo que acontecia com a filha, desde uma gripe até um tombo. Tinham uma boa condição financeira, mas não tinham paz.

Ela me diz que, mesmo sempre se defendendo muito bem, as brigas constantes não mudavam o resultado do que ela estava vivendo. Divide algo muito poderoso comigo: "Sabe, Thais, eu deixei meus pais, mas meus pais não saíram de mim. Percebi isso quando meu ex me deu o primeiro empurrão, exatamente como meu pai fazia toda vez que agredia minha mãe".

Silmara conseguiu se refugiar com a filha na casa de uma amiga que morava sozinha, e com a ajuda dela pediu o divórcio, mas ainda sofre processos no Judiciário, a via que o ex encontrou para continuar a controlá-la e a abusar patrimonial e emocionalmente dela.

"Meus pais me prepararam direitinho para um relacionamento abusivo", ela diz, "mas eu consegui sair e ainda vou me reerguer completamente".

"Eu sinto mesmo que vai", digo a ela. "Porque você teve coragem e apoio para ir além do que seus pais foram."

O automático que aparece nas relações de hierarquia

Como estamos vendo, nosso passado é reatualizado a todo momento no nosso dia a dia: somos sua forma e substância, não apenas seu efeito. Quando falamos de relações hierárquicas, estamos falando de relações com uma ligação direta com a maneira como agíamos diante das primeiras figuras de apego e hierarquia que conhecemos: nossos principais cuidadores, nossos pais.

Professores, médicos, influencers, chefes, governantes, figuras religiosas, irmãos ou amigos mais velhos, parceiros amorosos... Todas essas pessoas podem nos fazer sentir e operar dentro dos nossos padrões aprendidos – e muitas vezes inconscientes – de apego e de afastamento, ou seja, atuam como dublês de situações vividas por nós na infância.

Podemos também ser inconscientemente atraídos por comunidades que simulam nossa família, ou nos fazem viver uma fantasia de família, como disse Freud na análise dos grupos. De acordo com ele, tanto o Exército quanto a igreja, assim como outros grandes agrupamentos de pessoas com um propósito próprio, provocam em nós uma forte ação emocional, a partir de um contágio social, pelo efeito que um indivíduo do grupo (em geral, o líder) tem sobre os outros membros.

Freud diz que, para que o indivíduo se misture com o grupo, ele necessariamente precisa desistir de alguma coisa em si, então abandona gostos e predileções pessoais que compõem sua personalidade – de maneira muito parecida com o que somos obrigados a fazer na infância para tentar pertencer à família – para dividir com aquele grupo os ideais que o identificam, permitindo que partes mais primitivas de si venham à tona, misturadas à horda.

Numa perspectiva mais individual, com figuras hierárquicas que nos lembram inconscientemente nossos cuidadores, nossos sentimentos e instintos mais primitivos também podem aparecer: o desejo de completude, a voracidade, o medo de ser punido, a busca de reconhecimento e suporte.

Um caso próprio que ilustra isso: no final da minha adolescência, percebi que a cada vez que ia ao médico porque estava doente, com dor ou precisando de suporte físico, eu chorava copiosamente enquanto relatava meu problema a ele, mesmo que a dor física não estivesse superforte. Mais tarde entendi que essa foi a maneira como meu inconsciente conseguiu liberar a tensão de não ter tido suporte em muitas dores emocionais, numa grande transferência em que o médico representava minhas figuras de apego iniciais. O objetivo desse choro copioso era mostrar a mim mesma que eu me sentia danificada e sem apoio.

Maria

Maria me conta que é a filha mais nova de três irmãs, e sempre soube que seu pai queria um menino e vivia muito desapontado por nunca ter conseguido isso. Diz que sua mãe se casou com ele muito cedo, aos 17 anos, enquanto ele já tinha 38, e conta que sempre sentiu que todas elas eram mais como irmãs do que mãe e filhas.

Diz que sua mãe tinha muita admiração e ao mesmo tempo muito medo do pai, que era verbalmente abusivo, ciumento, distante e frio. Ele trabalhava em um comércio próprio, onde era querido e visto como ótima pessoa por todos da vizinhança, mas não deixava a esposa sair de casa de saia ou batom, nem conversar com nenhum homem do bairro.

Conta que sua mãe educou as crianças na base de gritos, críticas e tratamentos de silêncio, e que só mostrava agressividade diante delas, nunca diante do marido, a quem obedecia cegamente e defendia porque era "um bom trabalhador". Segundo Maria, a mãe dedurava as filhas para o pai quando faziam coisas erradas, e ele ameaçava ir embora e deixar todas, isso quando não as surrava sem piedade.

O pai faleceu de um ataque fulminante do coração quando Maria tinha 33 anos, e sua mãe passou a falar dele como um santo. Ela conta que, desde a infância, repetia a mesma história que a mãe contava: que ele era uma pessoa sem defeitos, ótimo pai e provedor.

Após a morte do pai, Maria se casou e começou a ter maior contato com a família do marido, que, segundo ela, era amorosa e unida. Foi nesse contraponto que Maria percebeu que sua memória havia sido nublada pela narrativa da mãe, responsável por criar uma dinâmica de negação em que ela não tinha nenhuma responsabilidade de defender as crianças do pai e dela mesma, e em que o pai tinha passe livre para performar violências contra a esposa e as filhas simplesmente porque trazia dinheiro para casa.

Ela conta que decidiu não ter filhos porque era muito impaciente, e que várias vezes agia de maneira autoritária no trabalho – ela e a sócia eram donas de uma escola de inglês. Era austera e crítica com os funcionários; não conseguia mostrar a eles toda a preocupação que sentia pelo rumo da escola e de suas carreiras sem soar abusiva e exigente demais.

Maria diz que começou a fazer análise porque o marido ainda insistia em ter filhos e ela se sentia culpada por não os querer, mas principalmente porque sua vida profissional estava um caos: sua parceria com a sócia tinha ficado insustentável, com muitas brigas e discussões sobre o rumo do negócio. A sócia era uma pessoa mais experiente que ela, e ela se sentia diminuída: "Não conseguia me submeter a outra autoridade, porque achava que tudo tinha que ser uma disputa de poder, mas no fim ninguém saiu ganhando, fechamos a escola".

Maria percebeu que estava se defendendo da dor de ter tido um pai tão duro – a dor do abandono emocional, do desamor –, atualizando-o na figura de sua sócia, de quem se defendia atacando, ao mesmo tempo que atuava exatamente como seu pai fazia em casa, talvez na tentativa de elaborar o que viveu e dar outro fim a isso.

Ela conta que a retirada do seu pai do pedestal deu início a um movimento de humanização de si mesma, em que tentava identificar o que era dela e o que era o padrão automático e aprendido do pai. "Acho que eu não queria ser submissa como minha mãe e acabei caindo no extremo oposto; assim, me sentia menos vulnerável", conclui.

Maria está no processo de fazer as pazes com seus sintomas e mecanismos de defesa, no caminho de ter mais compaixão consigo para conseguir ter compaixão pelos outros, e me conta que quer construir outro negócio e tentar uma parceria mais saudável. Fico muito feliz por ela.

Virei mãe, virei pai: projeções e transferências na criança

Já sabemos que a educação tradicional deixa marcas profundas nas crianças que passam por ela. Com a intenção consciente de fortalecer, disciplinar e preparar os filhos para um mundo duro, diversos cuidadores inconscientemente reproduzem com eles muito da violência que viveram. Essa educação do repasse inconsciente não oportuniza às crianças meios de questionarem o que vivem (já que socializa pessoas apenas para obedecer) e de terem senso crítico (já que adéqua e não permite a autonomia) e, aos adultos, não dá a chance de se identificarem com a criança (já que faz as pessoas se identificarem com o poder e a invulnerabilidade do mundo adulto).

Com os pais no pedestal, ou ao menos sem poder nomear tudo que viveram como abuso ou negligência, muitas pessoas deixam de ter empatia com a criança, porque a direcionam para o adulto que as machucou, pensando coisas como: "Ele queria meu bem", ou "Olha tudo que ele passou na infância", ou "Ela é minha mãe e me ama, fez tudo isso porque naquela época era assim que se educava". Na infância, viveram a expectativa de atender perfeitamente ao que os pais esperavam de si e, não tendo conseguido, na vida adulta exigem impiedosamente que os próprios filhos atendam.

Identificados com o adulto, deixamos de nos identificar com a criança que ainda mora em nós. Deixamos de perceber e nomear tudo de prejudicial e danoso que aconteceu conosco para nos pegar repetindo essas situações com nós mesmos ou com pessoas mais vulneráveis. É ótimo entender as problemáticas sociais e pessoais que levam adultos a negligenciar ou violentar crianças, mas, se isso nos tira a possibilidade de distinguir, nomear e enfrentar o que nos aconteceu, temos um problema.

Muitos adultos, de tão machucados e inconscientes que estão, apenas esperam sua vez de poder oprimir como foram oprimidos, para ter parceria na dor psíquica. Várias vezes nem sequer percebem que estão vendo a si mesmos ou aos seus cuidadores na criança (transferência), nem que isso os leva a descontar nela tudo de ruim que sentem e pensam sobre si, tendo reações automáticas e com frequência punitivas e prejudiciais (projeção), principalmente quando:

1. Sentem-se invadidos por situações em que a criança faz o que eles mesmos não podiam fazer na própria infância, ou algo que fizeram e pelo qual foram punidos/humilhados/rejeitados/afastados;
2. Sentem-se invadidos por situações em que a criança pede algo que eles mesmos não tiveram dos pais (e interpretam que ela está pedindo afeto/atenção/presença/acolhimento "demais");
3. Sentem-se invadidos por situações em que entendem que a criança está atuando como seus pais atuavam, e

então se sentem humilhados, desconsiderados, abandonados, injustiçados, invadidos, punidos, desamparados e controlados, o que os leva a humilhar, desconsiderar, injustiçar, invadir, punir, desamparar e controlar de volta.

A projeção na criança pode nos fazer descontar nela a dor de ter os gatilhos ativados, e isso, por sua vez, nos ajuda a nos sentirmos temporariamente melhores, maiores e mais fortes, mas a longo prazo mina a segurança dessa relação, porque impede que haja comunicação mais autêntica, pedidos de desculpas, vulnerabilidade e demonstração da nossa humanidade.

A transferência e a projeção acontecem em maior ou menor escala com todas as pessoas com quem convivemos, mas mais ainda com nossos filhos, porque nossa criança-no-adulto se vê numa espécie de espelho no tempo, e podemos ser tomados por nosso eu infantil quando isso acontece. É importante podermos elaborar nossas dores infantis em espaços seguros como uma análise, quando encaminhamos essa dor para outros lugares, dando outros fins a ela por meio da linguagem.

Numa outra situação bem comum, temos mães sobrecarregadas, violentadas pela sociedade, parindo e cuidando em condições completamente adversas, que muitas vezes não conseguem se conectar com seus filhos. Repassam a eles toda a violência a que são submetidas, em geral de maneira inconsciente, tentando dar conta de sua sobrecarga, fazendo os filhos obedecerem por medo. Tendo a própria reputação atrelada aos comportamentos dos filhos (principalmente das filhas), podem fazer de tudo para que esses comportamentos sejam adequados, inclusive utilizar a violência.

O respaldo social para isso tudo é enorme, já que na educação tradicional prega-se a separação em vez da proximidade: por exemplo, ordena-se que a criança vá para o quarto chorar ou fique num cantinho isolado por algum tempo quando faz algo errado. Não se ensina que é seguro instruir e acalmar ou que todos são dignos desse apoio, mesmo quando erram.

Ensina-se invulnerabilidade, e o colo se transforma na causa dos problemas, e não em parte da solução, como deveria ser. Ensina-se que emoções atreladas ao feminino atrapalham a produtividade, a força e a evolução, mas emoções são parte de quem somos, e negar isso tem efeitos dramáticos no nosso desenvolvimento e grande papel na manutenção da opressão.

Ensina-se que erros – parte natural e esperada de qualquer processo de aprendizado e amadurecimento – devem ser punidos, principalmente quando os adultos consideram que aquele erro foi intencional ou prejudicial para sua imagem, ou que a criança já deveria saber se comportar melhor. Nossa sociedade tem um histórico de violência atrelada ao punitivismo (escravização, ditadura, tortura) e o renega porque não o elaborou e reparou, deixando que essa violência retorne cada vez mais normalizada a cada geração, e talvez por isso mais abrangente e mais forte.

Helena

Helena me escreve contando que é a única filha mulher de uma mãe solo e que precisou cuidar dos três irmãos mais novos. A mãe trabalhava fora o dia todo, e ela era a responsável por levar os meninos à creche, alimentá-los e "não deixar que se matassem". Ela fala da culpa que sente por ter feito coisas terríveis a eles, como a vez em que os deixou trancados sozinhos em casa para brincar escondido com as amigas. Diz que era muito exigida, mas que sempre entendeu as dificuldades da mãe, que precisava sustentá-los sozinha, já que o pai havia sumido. A comida não se colocaria sozinha na mesa, dizia a mãe.

Helena me conta que entrou num processo psicoterapêutico depois de ter se tornado mãe, porque se viu gritando muito com as crianças: nas palavras dela, se sentia "um lixo" depois das crises de raiva com os dois filhos. A mais velha em especial a "engatilhava muito", porque não obedecia a suas ordens, era altiva e respondona. Por sua vez, ela ficava cega de ódio com as atitudes "afrontosas" da filha.

Helena conta que, no processo terapêutico, descobriu todo o ódio da mãe que escondia de si mesma. Fala que começou a se lembrar de coisas que havia esquecido, por exemplo o jeito desdenhoso como sua mãe a tratava e o fato de que a chamava de preguiçosa e egoísta quando ela fazia a faxina de um jeito que lhe desagradava (aos 10 anos de idade), sendo que os irmãos não precisavam limpar nada e podiam brincar tranquilos. Percebeu que sua mãe era uma pessoa verbalmente agressiva, invasiva e controladora, que ainda diminuía a todo momento sua capacidade como mãe, dizendo que ela não sabia controlar a própria filha.

Lembrou-se de todas as vezes que a mãe leu seu diário e a puniu ao encontrar algo relativo aos meninos pelos quais ela se apaixonava na escola ou a segredos que tinha compartilhado apenas com as amigas. Ela me conta que descobriu que suas poucas tentativas de ser uma criança ou uma adolescente normal foram negadas pela mãe e pelo pai, por conta do abandono.

Foi difícil para Helena começar a colocar limites na mãe, porque ela entendia que era tudo que a mãe tinha, já que os irmãos foram morar em estados diferentes, mas está aprendendo que pode falar do que sente e colocar seus desejos e necessidades na mesa.

Para Helena, um grande ganho foi não ter mais permitido que a mãe falasse de sua filha, pois começou a ter empatia pela menina. Entendeu que só tinha raiva dela quando ela fazia coisas que a própria Helena havia sido impedida de fazer na infância. "O problema não era a minha filha", diz ela, contando que está se dando melhor com a menina desde que começou a olhar para o que ela mesma queria de verdade. Depois disso, os episódios de gritaria e caos diminuíram muito.

Ela me conta que, quando pedia um espaço, a mãe ficava semanas ligando incessantemente para ela, e no começo ela cedia, mas agora está cedendo menos. "Só a deixo vir aqui em casa quando quero, quando sinto saudades, não tanto por obrigação."

"Parece que toda a raiva que precisei engolir na infância voltou quando eu vi minha filha sendo tão diferente do que fui", Helena me diz. Digo a ela que talvez tenha sido a semelhança entre ela e a menina o que a levou a procurar apoio, já que ela conseguiu autorizar sua própria autonomia quando presenciou a da filha, e por isso começou a buscar o que lhe faltou: consideração, validação e compaixão.

Ganhos em permanecer no sofrimento

Algo talvez polêmico, mas bastante verdadeiro: apenas tomarmos consciência do que nossa infância e nossa cultura fizeram conosco não é suficiente para termos uma vida menos paralisada ou para lidarmos melhor com o sofrimento no presente. Se o imperativo dos dias atuais é o autoconhecimento, onde entra a real mudança de posição, da passividade diante do que nos aconteceu para o movimento a fim de lidar com isso?

Conhecer, relembrar, nomear e significar o que nos aconteceu, assim como questionar os rótulos que recebemos e os papéis que herdamos dos nossos cuidadores, é importantíssimo, porque nos permite começar a narrar nossa vida em primeira pessoa, mas não garante que passemos a assumir a responsabilidade sobre nosso próprio bem-estar. Hoje somos adultos, mas grande parte de nós ainda sofre como quando era criança, pois nos relacionamos utilizando os mesmos recursos internos de outrora e repetimos dinâmicas que não queremos repetir, muitas vezes resignados diante dos *scripts*, dos rótulos e das heranças emocionais que recebemos dos cuidadores.

Podemos nos perguntar: "Por que não mudo? Por que é tão difícil para mim?".

Antes de começarmos a nos culpar, ávidos por chicotear nossas próprias costas, é preciso dizer que vivemos em larga medida para preservar nossa energia, para satisfazer nossa sede de previsibilidade e para nos proteger de possíveis ameaças – principalmente à identidade que construímos, à imagem que temos de nós.

Obtemos satisfação inconsciente (enquanto nosso eu consciente sofre) em geral pela via do sintoma, do adoecimento, das repetições que não conseguimos barrar. No célebre *Além do princípio do prazer*, Freud explica que a repetição vem antes do prazer.

Muito do nosso medo de mudar, de sentir e agir diferente, de sofrer menos, de ter uma vida com menos culpa e de fazer o que queremos não vem apenas do medo da rejeição e dos julgamentos que podemos sofrer se o fizermos, mas também de uma parte de nós que vê vantagens em permanecer como está. Paralisamos no "quentinho" da proteção trazida pela repetição familiar, que nem sempre é saudável ou confortável, mas pelo menos é conhecida.

Essa repetição tem um peso que pode ser comparado ao de uma roupa passada de geração em geração, que é pesada e empoeirada, pontilhada de suor e sangue, mas também carregada de história, ornamentada com broches, medalhas, pequenos laços e grandes nós. Essa roupa chegou às suas mãos por meio das expectativas dos seus cuidadores, que você precisou incorporar (vestir). Porém, em algum momento, você percebe que ela é difícil de usar, que está suja e tem potencial de adoecê-lo e enfraquecê-lo, que não combina com seu estilo ou que é grande ou pequena demais.

Ainda assim, você continua tentando se adaptar a ela, porque sabe que essa roupa lhe dá identidade, afinal, quem é você sem ela? Ela lhe dá contorno, lhe diz o que é possível ser, lhe mostra como se mesclar para tentar pertencer ao grupo. Todos da família usaram essa roupa, como você vai deixar de usá-la? Do que vai se ocupar, em vez de diariamente se adaptar a ela, às vezes reclamando, às vezes brigando, às vezes adoecendo? Que uso dará para esse tempo que a roupa lhe toma? Como será reconhecido pelos outros sem ela? O que vão pensar de você? O que você vai pensar de si mesmo?

Nós nos protegemos da "roupa nova" – um desejo, uma mudança – através da insatisfação, quando vestimos a carapuça da incapacidade (queremos, mas não conseguimos, o outro não dá brecha, as situações não ajudam), e através da proibição, quando vestimos a carapuça da impossibilidade (queremos, mas não podemos, nos proíbem, é contra o que o outro nos diz que devemos fazer).

Apegamo-nos ao sofrimento que conhecemos para não correr o risco de sofrer com a imprevisibilidade do novo; para não perder algo que já estava perdido e cuja perda ainda não conseguimos lamentar; para nos anestesiar; para não ver nem sentir o desconforto de ir além; para nos mostrarmos danificados e necessitados de cuidados; para obter uma segurança ilusória; para tentar atribuir a nós mesmos alguma importância; para perseguir uma validação dos pais; para não viver tão bem, já que eles mesmos não vivem; ou para punir alguém com nosso dano ou problema. Permanecemos em desacordo com nós mesmos para tentar um acordo com os outros por proteção, medo, satisfação mínima. Temos medo e aprendemos a viver através dele, principalmente se somos mulheres. Temos medo:

- De fracassar, mas também de fazer sucesso;
- De ficar sozinhos, mas também de estabelecer ligações e perdê-las por ser quem somos, e assim confirmar nossas crenças ruins a nosso respeito;
- De ser infelizes, mas também de ser felizes demais e perder a felicidade para sempre, ou de confirmar que não a merecemos;
- De não ter aprovação dos outros, mas também de não nos aceitarmos como somos;
- De ter saúde ruim, mas também de ter saúde de ferro e ter que mantê-la, sob a possibilidade de sermos culpados se não conseguirmos;

- De ter inveja, mas também de não ser alvo da inveja de ninguém;
- De ter esperança e nos decepcionarmos, mas também de não ter esperança e morrer;
- De mudar, mas também de estagnar;
- De que algo aconteça com nossos filhos, mas também de que nada aconteça com nossos filhos;
- De que nossos pais nunca mudem, mas também de que mudem muito;
- Da brevidade da vida, mas também dos impulsos de vida que temos em nós;
- De morrer, mas também de não poder controlar nossa própria finitude, também de preferir viver;
- De não fazer falta depois de mortos, mas também de sermos responsáveis por nossa própria vida;
- De colapsar, mas também de assumir que o colapso já aconteceu;
- De abrir a guarda, mas também de nos protegermos demais;
- Da incerteza, mas também de certezas exageradas;
- De perder a ilusão, mas também de nos iludirmos em excesso;
- De amar, mas também de que o ódio nos faça ser menos dignos de amor (etc.).

Diante desses medos neuróticos, muitos de nós paralisamos e permanecemos no sofrimento conhecido. No entanto, parte de nossa vida adulta será nos movimentarmos apesar desses medos, ou aprendendo a lidar melhor com eles.

Para isso, precisaremos ser apoiados por relações vivas e por ambientes emocionalmente seguros, os quais podemos inclusive criar para nós mesmos, se conseguirmos experienciá-lo de alguma forma, em geral por meio de um processo analítico. Nele, elaboramos muitos dos ganhos de permanecer onde estamos, entendendo se realmente queremos continuar ali ou se, por meio das palavras, podemos encontrar novas maneiras de obter ganhos parecidos (muitas vezes em outros lugares, em outras relações, ou melhorando nossa relação com nós mesmos).

É sobre essas coisas importantes que falaremos no próximo capítulo.

5

Novas relações e novas fronteiras

> Menina, eu queria te compor em versos,
> cantar os desconcertantes mistérios
> que brincam em ti,
> mas teus contornos me escapolem.
> Menina, meu poema primeiro,
> cuida de mim.
>
> *Conceição Evaristo*

Novas maneiras de se relacionar e um eu mais autêntico

Quando falamos em quebrar ciclos, estamos falando em conscientemente dar pequenos passos em direção a nós mesmos. Praticar pequenos atos de mudança, na melhor hipótese sustentados por alguma relação que nos apoie nisso, é essencial para que consigamos ter confiança em nós mesmos, ou seja, para que possamos sair da sensação de impotência da infância e começar a nos movimentar. Podemos nos relacionar com nós mesmos e com os outros sem repetir tanto o que presenciamos dos nossos primeiros cuidadores, sem ficar aprisionados em dinâmicas que não nos servem mais.

Não acreditar em tudo que falaram que você era

Um trabalho enorme a fazer é tirar nosso eu ideal do pedestal. Quando crianças, recém-saídos de nosso narcisismo primário – condição em que nos sentíamos completos, em que nossas necessidades eram supridas sem muito esforço e em que não nos distinguíamos do ambiente –, percebemos que precisávamos ir nos adaptando ao contexto, e fomos aprendendo a "completar" nossos cuidadores e a obter satisfação buscando o ideal que eles aprovavam. Isso acontece, segundo Freud explica em seu *Sobre o narcisismo: uma introdução,* por conta da nossa incapacidade de renunciar ao prazer sentido quando nós mesmos éramos nosso "ideal", ou seja, quando precisávamos apenas existir, e não suprir expectativas. Buscamos então esse mesmo prazer tentando, posteriormente, ser o que os cuidadores esperam de nós.

Nossos pais projetaram em nós uma imagem do que deveríamos ser para dar felicidade a eles – muitas vezes sob a narrativa de que assim estariam nos encaminhando para a nossa própria felicidade, como se fossem a mesma coisa –, e podem ter feito essa adequação ao que precisavam que fôssemos via ofensas, rótulos, críticas e até silêncios.

Perceba que, em geral, nos tratamos dessa mesma maneira para continuar buscando nosso ideal: "Sou trouxa mesmo, já deveria ter aprendido tal coisa", "Sou uma idiota, deixei isso acontecer", "De novo eu fazendo isto! Nunca serei ninguém se continuar assim", e muitas outras frases superegoicas que internalizamos diretamente dos nossos primeiros cuidadores.

É muito importante perceber se nosso eu ideal está inflado demais, com ditames de nunca errar, sempre ser o melhor em tudo, construir um casamento perfeito, ganhar muito dinheiro e ter o corpo mais desejável do mundo, ou se seria alcançável pelos nossos padrões, mas estamos nos sabotando na busca dele por algum motivo (que pode ser mostrar dano para ser cuidado; ou para ter alguém para nos guiar e não precisarmos nos responsabilizar por nossas escolhas; para não ultrapassar conquistas alheias, para não os afrontar; punir alguém etc.).

Em última instância, muitas vezes o eu ideal vai se transformando num "ideal de eu": um reflexo do que entendemos que o mundo espera de nós, uma versão personalizada por nossos cuidadores e seus substitutos posteriores, como professores, mestres, influenciadores. Se não tomarmos cuidado, nossa autoestima estará sempre condicionada a estarmos dentro desse esperado, por isso a importância de "diminuir o tom" do ideal e trazê-lo para mais perto da realidade, do que realmente desejamos para nós, do que é possível dentro do nosso contexto, ou pelo menos usar esse modelo como um norte, um local para onde apontar, mas sem esperar alcançá-lo.

Os rótulos que recebemos dos nossos pais podem tanto servir de meta para a idealização quanto de exemplo a ser evitado. Se fomos rotulados de preguiçosos, por exemplo, o eu ideal pode ser alguém que não descansa nunca e só trabalha. Mas se fomos rotulados de bonzinhos, o eu ideal pode ser alguém que não atrapalha, só facilita, não mostra desconforto e não decepciona nunca. Esses ideais são capazes de nos fazer colapsar numa busca irreal de coisas que nem sequer trazem garantia de nos fazer felizes ou realizados. Outro grande problema é que, por perseguir avidamente o rótulo que nos foi dado, sobretudo quando é positivo, acabamos por nos alienar de partes de nós que são o oposto daquilo – já que nunca somos uma coisa só –, e teremos a vida toda sermos descobertos em nossa grande falha.

Será preciso uma busca ativa da autocompaixão principalmente se nosso superego for feroz e se a vergonha for nossa companheira mais íntima. Diminuir a altura da voz de nossos pais dentro de nós depende, em primeiro lugar, de conseguirmos identificá-la em ação. A voz dos nossos cuidadores vai continuar sendo uma das vozes que falam conosco, mas podemos aprender a fortalecer a nossa própria voz, que nos dirá que tudo bem errar, que todos falham, que ninguém precisa ser perfeito nem merecedor supremo para ser amado, que nosso valor não está atrelado a nossas conquistas e nossa aparência, ou a cumprir papéis designados para nós.

Muitas vezes não conseguimos escapar dos rótulos negativos que recebemos, e acabamos seguindo fielmente as profecias mais aterrorizadoras: "Você nunca vai ser ninguém se continuar agindo assim", "Você é uma preguiçosa, inútil", "Você é irresponsável", "Você é burra". Isso acontece porque, quando sentimos que não podemos dar nada positivo para nossos cuidadores (porque eles não reconhecem nada positivo em nós), somos impelidos a dar-lhes razão. Continuamos nos dando mal, falhando, como que para provar que eles estão certos.

Em suma, nossa complexidade não pode ser resumida a rótulos que os cuidadores nos deram ou a papéis esperados para nós, e podemos dar conta dessa complexidade ao internalizar que muito do que falaram a nosso respeito provavelmente dizia mais deles do que de nós.

Aceitar o desconforto do desconhecido

Com frequência vamos precisar conscientemente pisar em chãos desconhecidos, mesmo se estivermos assustados ou desconfortáveis. Sair da repetição do que conhecemos envolve certo fortalecimento do nosso eu, porque teremos que sustentar algum nível de confusão, medo, surpresa, desconforto, culpa e assombro, mesmo se o que encontrarmos do outro lado for bom.

Preferimos a certeza do sofrimento conhecido à incerteza do novo desconhecido porque somos desenhados para obter satisfação na continuidade, mas é fato que podemos criar "novos normais" para nós mesmos, passo a passo, mesmo que lentamente.

A seguir listo alguns exemplos de padrões que podem ser ressignificados para dar lugar a novos normais, por meio da elaboração das dores, da narração da história em primeira pessoa e do fortalecimento do ego para lidar com as mudanças sem colapsar:

- "Na minha família não gostamos de carinho, de abraço, de afeto físico";
- "Aprendi que cuidar do corpo é futilidade e deveríamos apenas sobreviver e trabalhar";
- "Eu tinha medo de ter intimidade com alguém, pois sempre achei que precisava ser a fortona que não sofria e que deveria ajudar os outros com seus sofrimentos";
- "Sempre dependi dele para existir, nunca pensei que podia depender de mim mesma e confiar em mim";
- "Na minha casa nunca tivemos uma comunicação sem brigas, violência verbal, chantagens emocionais e ameaças";
- "Eu fui criada para cuidar do meu irmão";
- "Sempre achei que não seria uma boa mãe, porque ouvia que ia pagar por ser uma má filha".

Podemos desobedecer. Podemos fazer isso a partir da elaboração (que é corporal, integral, não só mental) de que somos pessoas diferentes dos nossos cuidadores, de que não precisamos dizer amém para os *scripts* de vida que eles criaram para nós em troca de lealdade, conexão ou amor, de que não precisamos afirmar as profecias deles, e de que negar essas coisas não nos privará de amor como temíamos na infância, porque agora somos adultos e podemos buscá-lo em outros lugares, se preciso. Podemos decepcionar, e saber decepcionar sem colapsar também é uma forma de autocuidado.

Ao buscar coisas novas e maneiras novas de viver coisas velhas, vamos colocando o pé em águas desconhecidas, tateando, avaliando se queremos adentrar mais, ou se vamos recuar e precisar procurar outras águas.

Impor mais limites e brigar menos

A briga serve a um propósito escondido dos olhos, mas com resultados muito visíveis: unir no desacordo. A briga faz nó, quando o que queríamos muitas vezes era um laço. Contentamo-nos com a aliança adoecida para ter alguma aliança.

A briga quer mudar o outro, quer que ele cresça e veja as coisas pelo nosso ângulo, mas com frequência o outro não apenas não deseja fazer isso, como nem sequer consegue. Se somos mulheres, somos ensinadas a salvar as pessoas, a consertá-las, a tentar de tudo para que elas mudem, quando deveríamos impor limites às relações que não nos dão o mínimo de que precisamos.

Se sabemos que não estamos recebendo o nosso mínimo (que pode ser consideração, escuta, respeito nas discordâncias, afeto, equidade, construção de acordos e a capacidade de mantê-los, assim como a de flexibilizá-los, entre outros), podemos pensar em quais limites são aceitáveis manter nesse relacionamento.

Limites não são brigas: não têm a intenção de unir em adoecimento nem de mudar o outro, mas sim de proteger o que é o nosso *mínimo aceitável*. Construir limites envolve saber, mesmo que superficialmente, quais são nossos mínimos aceitáveis e criar soluções próprias para nos protegermos quando o outro não atingir esse patamar.

Em termos práticos, numa briga, por exemplo, uma filha diz ao pai que ele precisa mudar seu jeito de discordar dela, que ele a humilha, que não tem respeito pela sua opinião e que isso é horrível. Ele com certeza vai se defender, provavelmente atacando-a, e ela provavelmente o atacará de volta para tentar ser considerada e ouvida por ele. As coisas podem esquentar, depois amenizar, mas é bastante possível que nada mude, e após alguns dias ou meses ele faça exatamente a mesma coisa e ela se sinta impelida a brigar de novo, talvez com alguma promessa de mudança que nunca virá, pois pode estar sendo feita apenas para que a briga e as cobranças parem.

Brigas podem ser uma ótima maneira de não olhar para a disfunção real da relação, que inclusive podemos estar mantendo e facilitando ao não colocar nela limites de verdade. São um bom artifício para não olharmos para nossa própria angústia, que está sendo deslocada para algum lugar. Também são um ótimo jeito de não olharmos para a forma como nos comunicamos, para a nossa parte infantil que precisa de validação, mas também de educação.

Nossa dor pode querer espernear e se rebelar, mas nossa parte adulta pode nos impedir de ficar voltando a padrões adoecidos e a papéis que não deveriam nos caber mais. Nossa parte adulta pode validar e aceitar nossa dor infantil – se esta foi ativada na relação –, sem deixar que nos engajemos em comunicações regredidas e disfuncionais.

O contraponto à briga seria quando, a partir de uma parte mais fortalecida e amadurecida de nós (em geral, decorrente de um processo analítico), descobrimos o que consideramos minimamente aceitável numa situação de discordância e verbalizamos para os outros o que seria o inaceitável. Por exemplo: "É inaceitável que você me humilhe ou ofenda quando discordamos". Depois disso, damos uma condição para nós mesmos – não para o outro, importante dizer – e comunicamos o que faremos quando ele fizer o que chamamos de inaceitável: "Quando isso acontecer, *eu* vou fazer tal coisa para me proteger" (seja sair de perto, dizer "não", desligar, ficar um tempo longe, o que for). Não esperamos que a pessoa mude, nem que ela concorde com nossas condições, porque será um trabalho nosso, e apenas nosso, sustentar o limite, acreditar em nós mesmos e não cair na armadilha da culpa e da chantagem emocional que podem vir disso.

Colocar um limite é mais difícil do que entrar numa briga, porque envolve cortar uma espécie de cordão umbilical emocional na relação e apostar que ela vai sobreviver ao limite. Além disso, muitas vezes, mesmo que inconscientemente, não queremos parar de brigar, seja porque entendemos que isso é o pouco que recebemos daquela pessoa e que não teremos nenhuma conexão mais verdadeira – então nos apegamos à adoecida –, seja porque entendemos que aquele é exatamente nosso papel perante o outro (salvar, consertar, mediar).

Ter conversas difíceis é um exercício importantíssimo, mesmo que o resultado não seja o esperado. Costumo dizer que conversas são embriões de outras conversas, e que podemos ir aprendendo a comunicar o que queremos de uma maneira menos adoecida, sem tanta projeção, exigências, ofensas verbais, chantagens emocionais e ameaças veladas, que nada mais são do que reproduções daquilo que aprendemos na infância, a partir de como nossos pais se comunicavam, ou de como precisávamos reagir ao que eles nos faziam. Por exemplo, se nosso pai culpava nossa mãe por tudo nas discussões, e em resposta ela se martirizava, vamos precisar elaborar o que vivemos para criar opções de diálogo que vão além da projeção e da vitimização.

A comunicação aberta normalmente inclui certo nível de vulnerabilidade, em que vamos dizer o que se passa dentro de nós, quais são nossos medos e sentimentos, e o que precisamos do outro. Isso pode ser bastante assustador, sobretudo se na infância éramos punidos por "responder", se éramos invalidados nos nossos quereres ("Criança não tem querer!"), se éramos silenciados na nossa percepção da realidade, se éramos ignorados como forma de punição, se não éramos nem sequer considerados. Calamos e cedemos, ou brigamos e explodimos, para não precisar correr esse risco de novo, para nos proteger do que já vivemos. Mas ceder ou brigar constantemente não são maneiras adultas de resolver conflitos e de ter conversas importantes.

Parte dos problemas na comunicação se deve ao fato de que muitas vezes apenas queremos estar certos, não nos conectar com o outro. Podemos aprender a nos conectar em vez de silenciar ou fugir. Com frequência nem sequer falamos do que precisamos, mas acusamos o outro quando nossas necessidades não são atendidas. Ao mesmo tempo, também é um grande problema quando as relações têm uma dinâmica de mãe-filho em que um dá muito e um só toma, fazendo nascer ressentimento e sobrecarga. Normalmente quem mais toma não quer ouvir nenhum tipo de responsabilização, pois entende que ninguém tem o direito de cobrá-lo por aquilo que entende que é seu direito.

Podemos aprender a dialogar sem querer convencer o interlocutor, mas também sem calar e engolir. Se aprendemos na infância que não podíamos colocar limites nos nossos pais porque eles eram maiores, mais importantes e mais capazes de nos punir de variadas maneiras, e que dizer "sim" a eles nos protegia, podemos desaprender essa dinâmica diante da constatação de que agora não precisamos mais nos defender de ninguém maior simbolicamente, de que a punição desse outro (desgosto, cara feia, julgamento, até um afastamento momentâneo) não tem mais o poder de nos causar desamparo e morte física ou psíquica como tinha na infância. Hoje somos adultos, pessoas que podem buscar amor, validação, apoio e reconhecimento em várias relações. Vale dizer que, em um contexto patriarcal, o temor sobre nossa segurança sempre vai (e precisa mesmo) existir em alguma medida, na esfera concreta.

Perceber o que esperamos de determinada pessoa, entender o que ela poderia e desejaria nos dar, saber que nível de relação podemos manter com ela e até *se* queremos manter algo daquela relação é essencial para sustentar limites. Podemos aceitar alguém como é e nos proteger ao mesmo tempo, embora não sem algum desconforto, é verdade. Em geral, pessoas que colocam limites são chamadas de egoístas e recebem inclusive a inveja de quem nunca conseguiu fazer isso nas próprias relações, inveja esta que vem na forma de culpabilização.

Para sustentar nossos limites, é preciso também aceitar que o outro pode lidar com sofrimento, incômodo e decepção, e que não é nosso trabalho retirar esse mal-estar dele. Não podemos esperar aceitação incondicional de alguém que estava se beneficiando da nossa falta de limites.

Podemos ter relações diferentes, mais abertas ou com mais limites, mas também podemos não ter nenhuma relação se assim decidirmos, inclusive com familiares. Para isso, precisamos acreditar que somos capazes de construir relações mais autênticas e menos danosas com outras pessoas, e assim não temeremos o abandono ao colocar um limite em alguém.

Apostar no outro

Se colocar limites e aprender a nos comunicar melhor é importante, também é importante entender nossas defesas evitativas, nosso fechamento para o mundo. É importante nos fortalecermos para suportar algum nível de incerteza nas relações, ou seja, saber que podemos ser decepcionados e que também vamos decepcionar, mas que algo bom pode sair disso mesmo assim.

É preciso se abrir ao diferente e à alteridade mantendo um pouco de segurança; apostando, mas nunca totalmente no escuro. É preciso se perguntar de tempos em tempos: o que nos une? Podemos continuar nos escolhendo? Mesmo para relações consanguíneas, o afeto pode mudar: não estamos destinados a amar ninguém para sempre, porque relações dependem de ação, de nutrição.

O amor nos une, mas é preciso também que haja uma dose de ódio (e não em forma de desrespeito e abuso, mas sim de separação, de frustração, de individuação, de limites éticos sobre a ação do outro) para que possamos voltar ao amor, já que são duas faces de uma mesma moeda. Podemos nos fortalecer para integrar essa ambivalência, ou seja, para internalizar que nosso ódio, quando dentro de limites éticos, não nos desampara, não nos deixa sem amor a ponto de morrermos.

Se limites são necessários, grandes encontros também. Nem sempre esses encontros se darão com nossa família de origem: muitas vezes serão com famílias escolhidas, com amigos, com pessoas importantes que conheceremos no caminho e poderemos trazer para perto, sem fugir, sem vestir tantas máscaras, sustentando sermos amados (e até um pouco odiados) por sermos quem somos.

Precisamos de bons relacionamentos para o nosso bem-estar, e, no caso das mulheres, estamos sobrecarregadas demais, presas demais nos papéis de cuidado e na narrativa de auto-ódio e misoginia que nos faz competir umas com as outras, e não nos unir. Podemos nos encontrar para dividir exatamente as mazelas que passamos em conjunto e que continuamos pensando que são problemas individuais. A linguagem nos dá o poder de nomear e comunicar nossas experiências para que consigamos dar significado comum a elas, e assim ter acolhimento e ajuda.

Lidar melhor com os sentimentos difíceis

Entender que não pode sofrer porque precisa ser grato gera mais sofrimento. Achar que não pode ou que não deve pedir ajuda porque precisa se virar sozinho gera mais sofrimento. Entender que é menos capaz e menos forte porque sofre gera mais sofrimento. Pensar que é um monstro, alguém que não sabe se controlar, porque sofre gera mais sofrimento. Achar que é a única pessoa do mundo que sofre gera mais sofrimento.

Se quando crianças não podíamos chorar ou sentir tristeza sem que as defesas e reatividades de nossos cuidadores fossem acionadas, hoje entendemos que não precisamos convencer os outros de que temos um motivo aceitável para nos entristecermos e chorar (muitos de nós ouviam a frase "Vou te dar um bom motivo para chorar" dos pais).

Se quando crianças éramos punidos com a decepção dos nossos pais por não estarmos sempre felizes e sorridentes, hoje podemos entender que decepção não mata ninguém além da imagem idealizada que queremos manter de nós mesmos. Hoje sabemos que temos direito de não ser sempre felizes e que isso não nos faz errados, inadequados ou menos amáveis; que podemos entrar em contato com partes de nós que foram chamadas de feias, inadequadas, erradas, e aceitar que elas existem e que não diminuem nosso valor.

Em geral, os cuidadores que não conseguem suportar emoções mais profundas em si – porque aprenderam a ligar a expressão de suas emoções a desamor e punições – evitam as emoções profundas dos outros: sem estarem consigo, têm dificuldade de se conectar com a dor de outras pessoas, principalmente a dos filhos.

Assim, o medo que os adultos têm das próprias emoções difíceis é projetado nas crianças, que acabam sendo silenciadas, endurecidas e submetidas à exigência de performar certa independência ou força, porque as emoções são lidas como fraquezas. Muitas vezes os adultos têm medo de seus próprios colapsos – o que, segundo Winnicott, geralmente indica que eles já aconteceram – e não conseguem suportar nem apoiar os pequenos colapsos da criança.

Nesse contexto, se somos mulheres, entra também o medo da nossa própria raiva: medo de ela não acabar nunca, de afastar para sempre alguém ou de nos machucar seriamente, porque ouvimos na infância que a raiva nos fazia grossas, raivosas e mal-educadas, que ninguém iria nos querer por perto daquela maneira.

Aprendemos a lidar com ela reprimindo-a (adoecendo, produzindo sintomas psíquicos diversos); desviando-a para conflitos, sofrimento e martírio; amortecendo-a (com álcool, sexo, comida, compras, busca do corpo ideal...); ou liberando-a via escapes (sempre irritadas, explodindo "do nada"). A agressividade saudável é uma conquista que vem do momento em que uma pessoa importante para nós vê o nosso pior e permanece, e não muda o contrato de relacionamento conosco. A partir disso, podemos aprender a comunicar nossos limites sem apelar para brigas, projeções, exigências ou acusações, por meio de uma agressividade saudável, que nos protege, que demarca limites, que nos coloca em ação, que nos tira do trauma da passividade, da impotência infantil.

Em suma, podemos aprender a regular nosso estado emocional via aceitação da dor. Muitas vezes não se trata de parar de sofrer, mas de sofrer de um jeito diferente, atravessando os sentimentos difíceis, e não os negando, deslocando, projetando ou evitando. Eles existem porque fazem parte da vida, e ser desconfortáveis não os torna negativos ou errados.

Sair do pedestal

Pode acontecer de nos colocarmos em pedestais – achando que só nós podemos salvar ou ajudar alguém, executar uma tarefa, mediar uma briga, aliviar uma dor – pelo profundo desamparo em que fomos criados.

Nosso narcisismo com frequência precisa ser inflado por nós para dar conta do desamor do ambiente por meio da busca ou da fantasia de onipotência: é quase como se nós déssemos a importância que queríamos ter tido para determinada pessoa ou relação.

Também é comum pegarmos para nós funções adoecidas, que nem sequer queríamos receber, para manter nosso narcisismo inflado, buscando uma completude, sem real autonomia. Dessa forma, acabamos prendendo outros a nós, ou ficando presos a eles, ou a papéis que nunca nos realizam de verdade.

É importante que possamos ser apoiados amorosamente ao nos dar conta desse desamor que leva à nossa busca da onipotência, a fim de que possamos fazer o luto daquilo que achávamos que precisávamos ser para obter validação e reconhecimento do outro.

Aprender novas maneiras de se comunicar

Se crescemos vendo nossos pais deslocando a dor para vícios, fugas e evitações, projetando-a nos outros em forma de violência verbal, ou implodindo em doenças e em raiva voltada para si, podemos ter aprendido e internalizado essas formas de defesa e de demonstração do sofrimento.

Podemos ainda estar agindo como crianças que, sem vocabulário, fazem seus cuidadores se sentirem exatamente como elas estão se sentindo, comportando-se de forma irritante, afrontosa, provocativa. Testamos se o outro aguenta nosso pior, quando nós mesmos não aguentamos e não sabemos lidar com ele.

Queremos que o outro adivinhe de que precisamos, quando ainda não sabemos dar nome nem à necessidade nem ao vazio que nos estruturam. Queremos obter aquilo de que precisamos sem entrar em conflitos e sem causar desconforto, em vez de aprender a ter conflitos saudáveis e a sustentar trazer desconforto aos outros.

Não sabemos chorar sem antes buscar uma briga para que o choro venha, não sabemos pedir ou dar carinho, nem pedir escuta ou dar escuta. Acontece bastante de inconscientemente procurarmos e inventarmos problemas para depois aproveitar a fase calma.

Aprender novas formas de se comunicar envolve sair do familiar, deixar a lealdade adoecida ao comportamento que sempre presenciou, estar mais em contato com seu mundo interno. Aprender novas formas de se comunicar é não só aprender a se sentir, mas também se expor a algum nível de vulnerabilidade, pedindo sem precisar brigar e exigir, comunicando o que não pode aceitar em vez de culpar o outro por isso, supondo menos e perguntando mais, conseguindo separar a ativação da própria dor da intenção do outro de machucar.

Aprender novas formas de se comunicar é conseguir dar nome às próprias necessidades e saber onde e com quais pessoas e grupos se pode saná-las – sabendo que uma pessoa só não vai conseguir suprir todas –, buscando relações recíprocas.

Nesse processo, percebemos que nossos desejos vão além das nossas necessidades, e que nem sempre saberemos identificá-los. Às vezes basta saber que sempre faltará algo em nós, e por isso mesmo nos mantemos em movimento, aprendendo e buscando.

O cuidado de si que era voltado aos outros

Assim como necessitamos de bons encontros com outras pessoas, também precisamos tê-los com nós mesmos. Quando falamos em autopriorização, podemos ter duas leituras: a de esquecer as outras pessoas e narcisicamente nos colocar em primeiro lugar, ou a de nos incluir, que é a noção de que também somos importantes, da mesma maneira que as pessoas que amamos ou aquelas com as quais temos deveres.

A questão é que, quando somos mulheres, somos ensinadas a priorizar o cuidado de outras pessoas, a inclusive construir uma vida buscando esse cuidado como forma de subjetivação, seja para obter algum reconhecimento, seja para fugir da violência a que estamos expostas.

Na infância, somos instruídas a cuidar dos irmãos, do pai instável, da mãe doente ou sobrecarregada. Na adolescência, somos ensinadas a cuidar do namorado para que ele não nos deixe ou não nos machuque. Na vida adulta, somos orientadas a cuidar dos filhos sem apoio, porque aprendemos que esta é a nossa função como mulheres, e que por isso sabemos instintivamente o que fazer. De volta aos pais, somos "convidadas" a cuidar deles sozinhas na velhice, pelo simples fato de que somos mulheres.

Passamos a vida praticando uma disciplina que serve aos outros, ao desempenho, à imagem que transmitimos. Identificamo-nos com nossas mães, tias, primas, amigas, que deixam de cuidar de si porque precisam cuidar dos outros.

É cruel dizer que precisamos simplesmente nos cuidar, partindo para uma dinâmica de independência total advinda do neoliberalismo, quando na verdade precisamos ter reciprocidade no cuidado, ser cuidadas de volta. A parte que pode soar paradoxal é que buscar reciprocidade não retira de nós a responsabilidade de nos priorizarmos.

Autocuidado, em última instância, é construção de autonomia. Para as mulheres, pode ser tentador "adultescer" voltadas apenas para a família, se apoiando e buscando reconhecimento nos filhos, sem pensar nos próprios projetos, na própria educação, no próprio desenvolvimento, nas amizades que podem construir, na vida coletiva que podem criar, no sentido que podem dar à vida. Autonomia não é não precisar de mais ninguém (isso é impossível e seria danoso), mas estar no comando dos próprios desejos e da própria caminhada. Emociono-me muito ao acompanhar casos de mulheres que retomam os estudos na vida adulta, e até na velhice, porque quando eram mais jovens e tiveram filhos o marido as proibiu de estudar. Fico feliz de ver que elas resistiram e conseguiram ir atrás de seu desenvolvimento.

É preciso desaprender e reaprender

Reaprender a disciplina que era toda voltada à nossa imagem, e não ao nosso cuidado – especialmente no caso das mulheres, já que quando cuidamos dos outros somos muito bem-vistas e bem consideradas –, é o desafio, que não será vivido sem desconforto.

É possível desaprender a agir apoiados apenas no que todos fazem e passar a agir mais da nossa própria maneira: comer aquilo de que gostamos e o que nos faz bem de forma mais consciente, não só o que uma autoridade nos manda comer; mover o corpo para voltar a ele, para confiar nele e para cuidar dele, e não como punição ou compensação; estudar para nos sentirmos capazes e vivos, e não para tirar boas notas e agradar; nos envolver em uma causa para trazer significado à vida, e não porque alguém disse que deveríamos fazê-lo.

Podemos nos perguntar a quem serve o que fazemos, e é muito possível que muitas das nossas ações continuem servindo aos demais, mas é importante que algo significativo também sirva a nós, tenha a nossa cara, a nossa marca, que possamos não viver apenas para os outros.

Priorizar-nos é também nos reaproximarmos de nossas sensações corporais, permitir que nossos afetos nos deem dicas sobre nosso mundo interno (dores, desejos, necessidades) e que sejamos afetados sem resistir tanto, para sentir as sensações sem fugir delas. É desaprender um tanto do medo de nós mesmos, colocado em nós desde a infância. É poder ressignificar o sentimento de impotência infantil e aprender a nos proteger de pessoas que nos colocam em perigo. É principalmente poder definir em primeira pessoa o que nos faz bem e o que não faz.

Cuidar de si é também cultivar boas memórias para que elas sejam apoio nos momentos difíceis, ver-se como parte da natureza (importante e pequeno ao mesmo tempo), colecionar situações que lhe permitem sentir leveza e despreocupação, descansar, ter contato com algum tipo de arte e relaxar sem produzir nada.

Ser uma boa mãe e um bom pai para si

Cuidar de si envolve internalizar a mãe suficientemente boa e o pai suficientemente bom: falar consigo mesmo com uma dose de compaixão e gentileza, sobretudo quando for menos do que perfeito, menos do que os outros esperam, menos do que internalizou que seria o ideal.

Ser uma boa mãe e um bom pai para si envolve também manter uma rotina menos adoecedora, dentro do contexto social possível, não se jogar para baixo quando repetir coisas que não queria mais repetir, ou quando voltar a padrões indesejados, e se ajudar a tentar de novo e de novo. Assumir esse papel é se nutrir minimamente de afeto, de toques confiáveis, de conforto físico.

Cuidar de si também envolve a busca de relacionamentos que podem ser ambientes suficientemente bons, nos quais não haja tanta crítica, punição emocional e afastamento da intimidade, e sim confiança mútua; em que se possa perder o medo de ser quem se é; onde se possa encontrar espelho para as angústias e apoio para as dúvidas. Muitos de nós empreenderemos essa busca sem referência, com base em tentativa e erro, o que é corajoso e louvável.

Quando encontramos um ambiente suficientemente bom, podemos ser mais criativos, mais brincantes e mais flexíveis, e vestir menos nossas máscaras. Podemos sentir gratidão pautada não em obrigação, mas em ética. Podemos celebrar nossos pequenos passos e estar atentos a pequenas belezas.

Podemos inventar nossa felicidade sem nos basear em padrões enlatados e pasteurizados dos outros, da cultura capitalista ou da nossa família. Cada um de nós é capaz de criar a própria felicidade, que é pessoal e intransferível, mas não convém depositar todas as fichas num objeto só, seja namoro, casamento, filhos ou trabalho. Sabendo que nada pode ser o tapa-buraco da nossa existência, podemos diversificar nossas maneiras de obter segurança e conforto e de sentir felicidade.

Ser um ambiente suficientemente bom para si é se permitir abertura para o novo, criar um contexto seguro para que a mente fique no momento presente, autorizar e nutrir a curiosidade, em vez de puni-la e barrá-la. É se reconectar com o próprio corpo, as emoções, as sensações, a sexualidade, o vazio. É aprender a escutar o outro a partir da escuta de si mesmo.

Ser um bom ambiente para si é se permitir mostrar vulnerabilidade, e não somente força, conquista, poder e eficácia. É poder se apoiar e se aceitar nos momentos de angústia, dor, indignação, preguiça, inveja, tristeza, frustração e medo, e se ver como um ser humano, não como um fracasso.

Cuidar de si é não precisar merecer amor, é se sentir digno de amor porque seu valor não está mais atrelado a fazer algo certo ou performar um papel. É entender que o amor do outro tem tanto a ver com a capacidade dele de amar quanto com a sua própria capacidade de receber um amor construtivo, tendo desconstruído o amor atrelado a abusos e negligências que possa ter recebido.

Ser um pai e uma mãe suficientemente bons para si é também se responsabilizar por mudar de rumo, é ter coragem de se olhar de frente, de pedir ajuda se preciso, de não deixar a culpa e a vergonha enterrarem a luz da esperança em si. É poder dizer para si mesmo que entende suas partes machucadas, é acolher com compaixão a criança que ainda mora dentro de si e que aparece nos momentos de repetição da dor. É poder emprestar força para si nos momentos de desespero, de angústia impensável e indizível, para conseguir se reerguer e continuar caminhando, sabendo que isso também vai passar, pois muitas coisas já passaram, e você resistiu.

Os perigos do autocuidado neoliberal

Ainda que o autocuidado seja essencial, é preciso falar dos perigos que a noção neoliberal dessa prática traz, porque grande parte das nossas necessidades emocionais e físicas só pode ser sanada pelo outro, pelo social, por grupos, por toda uma estrutura comunitária. Fomos ensinados de que na vida está cada um por si, um tanto por conta dos danos que foram feitos em nós, outro tanto por conta da racionalidade neoliberal que domina o mundo em que vivemos.

O conceito de autocuidado não só foi descolado do social, como também foi cooptado pelo sistema econômico, que o transformou em consumismo e em autoindulgência, nos transmitindo a mensagem de que, quando adquirirmos o produto certo, fizermos a viagem certa e conquistarmos a posição social ou a aparência certa, aí sim estaremos nos cuidando da maneira ideal, tudo isso banhado pela ideia de merecimento.

Quando se descola o conceito de autocuidado do social, ele se torna perigoso. Os bares e eventos caros lotados no meio de uma pandemia global deixaram isso claro: sair de casa, ver os amigos e se divertir não deveria ter sobrepujado o bem-estar social de maneira tão normalizada, e, exatamente por isso, não foi uma boa estratégia para suprir desejos e necessidades tão humanos de conexão. Se o autocuidado não fosse entendido como autoindulgência, as pessoas talvez tivessem buscado outra forma de fazer isso, menos danosa à comunidade.

Quando voltamos à definição de autocuidado como estarmos atentos às nossas próprias necessidades, é essencial considerar o lado social e principalmente estrutural da vida.

O autocuidado neoliberal diz às mulheres que elas deveriam assumir menos responsabilidades e se priorizar mais, mas isso desconsidera que quando uma mulher deixa alguns pratinhos caírem, não há muitas outras pessoas que os peguem no ar. O discurso fica descolado da realidade estrutural quando não pontuamos que, para grande parte dessas mulheres, deixar um pratinho cair significa deixar uma criança sem comer, sem cuidado e sem atenção, ou deixar a si mesma desempregada, sem o trabalho de que tanto depende.

Deixar alguns pratinhos caírem em casa pode não ser o suficiente para essa mulher viver melhor, porque uma boa parcela da carga doméstica material, emocional e mental ainda será dela, simplesmente por ser mulher. E pior ainda: ela será julgada por deixar esses pratinhos caírem. Afinal, dentro da dinâmica do capitalismo neoliberal, em que o lucro é sustentado por esse trabalho não remunerado, uma "mulher de verdade" se sacrifica para cuidar dos seus e da casa.

Não há problema no discurso de que é preciso parar, respirar, dar um tempo da correria e da loucura. O problema é não entender que algumas pessoas simplesmente não conseguem parar sem estar doentes ou sem ser obrigadas, porque, se param, sua família não se alimenta. É preciso compreender que todos deveriam ter vidas dignas o suficiente para não serem obrigados a parar apenas por conta da negligência social e política que os adoece.

É muito bom falarmos da busca do leve, da beleza e do idílico, mas não sem entender que a estrutura social adoecida não permite que os indivíduos tenham um minuto de paz. Ela promove a morte de pessoas negras e pobres, banaliza violência feminicida, homofóbica e suas variações.

Tomar um banho demorado e nos blindar das notícias por um tempo garante que estejamos mais "leves" para continuar vivendo nessa loucura ou pode também abrandar nossa energia de indignação para combater o que está causando a falta da leveza, adaptando-nos a ela?

Quem cuida de quem cuida? Estamos reforçando a atuação de um sistema opressor quando incentivamos a autorresponsabilidade de cada um por suas necessidades, sem considerar que algumas dessas necessidades não serão atendidas individualmente? O incentivo do cuidado pessoal é importante e necessário, desde que não desconsidere o motivo estrutural das dificuldades de se autocuidar, no equivalente a uma meritocracia do autocuidado. O olhar precisa ser para dentro. Cuidar-se e ficar vivo é essencial, mas sem perder o fogo interno que faz mudar as coisas: este, não podemos deixar banho relaxante nenhum apagar. É como diz Audre Lorde com muita sabedoria: autocuidado não é autoindulgência, é autopreservação, e isso é um ato de luta política.*

O poder de se unir em prol de algo

Nesse contexto, podemos criar nossas próprias formas de conexão, de família, de cuidado de rede que envolve e potencializa o autocuidado individual.

---

* Tradução livre de: *"Caring for myself is not self-indulgence. It is self-preservation, and that is an act of political warfare"*.

Penso nas iniciativas de grupos feministas que visam ao cuidado e à proteção, à autonomia reprodutiva, ao apoio a mulheres que sofreram violência. Penso nos coletivos de luta, de reconstrução da terra e de plantações orgânicas, nos movimentos organizados para mudança social, na união em prol de ideais absolutamente corajosos e comunitários.

Acredito que, para promover essa conexão, precisamos desconstruir, ou ao menos começar a perceber, a misoginia e o racismo presentes em nossas ações e relações. Nós, mulheres, fomos ensinadas desde sempre a estar perto de homens, ajudando-os, impulsionando-os, celebrando-os e reproduzindo seus feitos. Dizem a nós que temos pouco espaço público, então precisamos competir por ele com outras mulheres. Pessoas negras relatam uma questão parecida: como se permitem poucos negros em locais abrangentemente brancos, elas são incentivadas a competir entre si, e assim se instaura um sentimento de solidão profunda e falta de identificação total, para além das violências diretamente racistas.

Precisamos nos abrir para amizades que podem nos nutrir porque são fruto de escolha e de ação, de valores parecidos e de ideais conjuntos. Deixando de priorizar quem sempre priorizamos de forma automática, começamos a enxergar quem realmente queremos ter por perto. Podemos, sim, escolher nossa família, assim como podemos ter relações menos adoecidas.

O cuidado de aldeia com que nós, mães, sempre sonhamos precisa começar a ser construído. Podemos escolher nossa aldeia começando bem de perto, com as vizinhas ou as outras mães da escola. Podemos encontrar parceiras de escuta e ser essa parceira para outras pessoas.

Família não precisa ter um formato fechado: podemos arejar o ambiente, deixar novas pessoas entrarem e somarem, perder o medo de confiar, mesmo em quem não compartilha nossos gostos e opiniões. Crescer é também se abrir ao novo e experimentar novas relações afetivas e amorosas.

6

O corte do cordão umbilical emocional

Como se fosse vão te amar e por isso perfeito.

Amar o perecível, o nada, o pó, é sempre despedir-se.

E não é Ele, o Fazedor, o Artífice, o Cego

O Seguidor disso sem nome? ISSO...

O amor e sua fome.

Hilda Hilst

O tabu dos limites e do afastamento da própria família

Vivemos numa cultura patriarcal, latina e altamente religiosa em que a família de origem tem peso enorme não só na formação do sujeito, mas também na sua vida adulta. Há uma expectativa cultural de que os filhos estejam sempre bastante próximos dos pais, física e emocionalmente.

Diante de abusos emocionais, físicos e sexuais, ou de grande negligência e apagamento (presente ou passado), algumas pessoas conseguem dar vazão à vontade de se proteger dessas ações danosas e adoecedoras da família de origem e decidem não estar mais tão perto de quem os machucou. Em geral, há grande tentativa de jogá-las de volta para um lugar de adequação via culpabilização e constrangimento por parte da própria família estendida, que acredita que manter a farsa da instituição vale mais do que entender a dor daquele que a denuncia.

Na minha prática, é muito raro alguém querer se afastar da família de origem quando essas pessoas lhe trazem algum senso de segurança ou quando aceitam rever suas ações e conseguem reconhecer o dano que causaram, intencional ou não, além dos impactos dele. Somos programados para permanecer perto dos familiares, precisamos deles.

Muito se fala da utilidade, do descarte rápido e da fugacidade das relações, mas é preciso refletir criticamente a respeito disso. Mulheres sempre foram ensinadas a estar perto da família, a se responsabilizar pelas relações, a cuidar dos familiares, a garantir conforto, a fazer a manutenção da vida (no caso das crianças) e da morte (no caso dos idosos), sem que ninguém lhes permitisse questionar se realmente queriam fazer tudo isso, se estavam protegidas, preparadas ou confortáveis cumprindo esse papel, porque são punidas socialmente quando não o fazem. Antigamente, as leis não permitiam às mulheres ter bens ou conta bancária registrados no próprio nome, ser registradas num trabalho formal ou se divorciar, ou seja, as leis prendiam as mulheres nas relações, pois caso não permanecessem ali poderiam não sobreviver.

Mulheres também sempre foram informadas de que, sem uma relação romântica, não seriam ninguém, seriam punidas com a dor da solidão. Aprenderam que, sem subscrever aos mandos dos maridos ou pais, seriam expulsas do paraíso por não os honrar. Foram educadas para não só silenciar suas dores e sofrimentos derivados dessas relações, como a nem percebê-los, sendo colocadas na posição de exageradas, dramáticas e sensíveis demais quando o fazem.

Homens, por sua vez, sempre puderam se apoiar nas relações extraconjugais, porque fizeram a separação entre mulher para casar e mulher para se divertir, culpando a parceira pelas próprias quebras de contrato no casamento ou no namoro. Recaiu sempre sobre a mulher a responsabilidade de "segurar" o relacionamento, de se submeter inclusive sexualmente a tudo que o marido desejasse, para que ele não precisasse saciar suas vontades fora de casa.

Historicamente, homens nunca foram responsabilizados por manter as relações familiares, nem coagidos a silenciar nada para o bem de ninguém ou a cuidar de maneira próxima das pessoas da família. As relações sempre foram líquidas para uma grande parcela da sociedade, mas não para as mulheres.

O afastamento bom e o ruim

No contexto familiar, até se permite certo afastamento físico dos cuidadores se isso significar a busca de condições financeiras melhores, conquistas acadêmicas ou algo que deixará a família orgulhosa ou mais segura economicamente. Só não se aceita o afastamento emocional ou físico da família que machuca, que adoece e que causa danos sérios em seus membros, por se entender que tudo que vem da família é bom e tem boas intenções, e para que a imagem do grupo se mantenha boa e segura, quando muitas vezes não é.

Pela minha experiência, o afastamento é a última coisa que as pessoas desejam em relação à família de origem. Em geral, tentam de tudo para se fazerem ouvidas e consideradas e passam grande parte da vida lutando para mudar quem lhes fez mal – depois de passar anos brigando consigo mesmas, tentando despertar menos fúria, desamor e desconsideração nos cuidadores.

Por um lado, ainda é um grande tabu social se afastar da família; por outro, a cultura neoliberal torna as pessoas descartáveis, como produtos: se temos outros, não queremos consertar os defeituosos. Porém, é importante separar as relações que apenas não são nutritivas ou que têm conserto das que são deliberadamente abusivas, invasivas e danosas, sem chance de mudança.

Na relação que apenas não é tão nutritiva emocionalmente, podemos colocar limites necessários para que ela sobreviva, para aproveitar suas partes boas e para que a diferença possa existir sem machucar ninguém. Dar limites é também entender onde está a dificuldade de sustentá-los e elaborar o desconforto em deixar os outros desconfortáveis. Decepcionar os familiares e aguentar sua decepção é abrir espaço para viver novas escolhas, para ter autonomia, para crescer e permitir que eles também vivam e cresçam. É essencial furar o narcisismo dos cuidadores e, se for o caso, compreender por que não conseguimos fazer isso.

Na relação que tem chance de conserto, ou seja, em que as pessoas minimamente conseguem se ouvir e quem causa danos entende a extensão deles, se arrepende, tem desejo real de mudar e age nessa direção, ainda pode existir alguma proximidade, uma reconciliação parcial ou total, se assim o sujeito deseja, após avaliar se houve mudança concreta.

Por sua vez, na relação que deliberadamente machuca, na qual não há o mínimo de escuta e mudança, o afastamento em geral é a única e última maneira de se proteger de verdade.

O afeto pode se transformar

Os vínculos sanguíneos que atuam a partir da obrigação, e não do desejo e da conexão real, perdem força quando podemos nos conectar com novas pessoas. Diferente de antigamente, hoje vivemos num tempo em que outras pessoas e outros grupos podem fazer a função materna, fraterna, filial.

A verdade é que não somos obrigados a suportar o pacote todo, o peso consanguíneo mais as violências. O amor por um familiar também pode acabar, ou no mínimo se transformar, ser desidealizado e humanizado. Como diz bell hooks, o amor não existe onde há abuso, exploração, narcisismo exacerbado.

Podemos humanizar nossas figuras de apego iniciais e compreender as dinâmicas sociais que as levaram a agir como agiram, e mesmo assim nos proteger de suas presenças sufocantes, demandantes, abusivas ou negligentes.

Em geral, nos esforçamos muito para manter as relações com nossos principais cuidadores, pois toda a cultura em que vivemos nos leva a permanecer próximos deles e a nos adequarmos ao que querem e precisam, mas temos o direito e o dever de preservar nossa integridade física e emocional. Na minha prática, recebo relatos de pessoas que são ou foram vítimas de abusos físicos, sexuais ou emocionais no ambiente familiar e mantiveram essas relações por um tempo, mas em algum momento decidiram que não precisavam mais se submeter a essas dores em nome dos laços de sangue. Quem sofre deve ser respeitado ao escolher parar de aceitar aquele sofrimento.

Muitos decidem manter relações com os familiares, ainda que de maneira distante, e alguns decidem cortar totalmente os laços. Ninguém pode mensurar o que leva uma pessoa a tomar esta ou aquela decisão, porque nunca sabemos a dimensão da dor e a profundidade das feridas do outro. Dores não são comparáveis, não dá para medir alguém pelo que nós vivemos.

Não se podem criar laços na dor, só nós, apertados demais para que haja oxigênio e para que os afetos produtivos sobrevivam.

Culpa e perdão: desconstruindo afetos manipulados

É preciso aprender a lidar melhor com o sentimento de culpa, que em alguma medida acompanha todos nós, neuróticos, seja pela confusão dos afetos de ódio e amor direcionados aos nossos cuidadores, pelos nossos desejos de amor de completude, seja pelas nossas vontades vingativas e punitivas. Muitas vezes, aponta Freud no texto "Alguns tipos de caráter encontrados no trabalho psicanalítico", por não entendermos de onde vem a culpa, começamos a praticar pequenos atos que nos provem culpados, como que para aliviar a tensão desse afeto tão difícil e palpabilizá-lo.

Na infância com frequência tivemos que inverter o ônus e sentir que a culpa pelo desamor e pelas punições que recebíamos era nossa, que nós é que éramos indignos de amor e cuidado, porque não podíamos correr o risco de desamparo ao descobrir a responsabilidade dos nossos pais quanto ao modo como lidavam com nossas questões.

Hoje podemos nomear a responsabilidade do outro, porque não somos mais crianças que, se desamparadas, morreriam. Hoje podemos apontar quando esse outro não está cumprindo sua parte sem colapsar, e assim não precisamos mais assumir a culpa por tudo. Especialmente no caso de mulheres, falo com muitas que entendem que estão sempre erradas, que podiam ser menos irritadas e que reclamam demais, mulheres que estão sempre voltando o ódio para si, justificando tudo que acontece como uma falha própria. Quando investigamos, vemos que suas reclamações e irritações são não somente justas, como quase sempre pequenas diante do quadro de negligência ou abuso que estão vivendo ou viveram.

Precisamos aprender a lidar melhor com a culpa que continuará, em grande parte das vezes, sendo o afeto que mais rápido aparece em nós, ainda mais se somos mulheres, hiper-responsabilizadas, superexigidas, amedrontadas com toda a violência a que somos submetidas, ensinadas que nunca somos boas o suficiente. Culpa em demasia pode paralisar justamente porque tem um componente de autopunição, e já sabemos que a punição não leva ninguém a mudar ou agir. Podemos e devemos questionar a culpa que aparece de forma automática em nós, mas, claro, sem ir ao outro extremo de acreditar que tudo é culpa do outro ou do ambiente, portanto não há nada que possamos fazer.

Em toda a sua obra, apoiado no trabalho de Klein, Winnicott diz que a culpa ética é uma conquista, que ocorre quando percebemos que alguém sobrevive ao nosso pior, e a partir disso podemos reparar nosso erro com essa pessoa. Se ela sobrevive, deve me amar, e por ser amada quero reparar meu erro.

Porém, é importante dizer que sentir culpa nem sempre indica que estamos fazendo algo de errado ou sentindo afetos difíceis, como ódio por alguém, por exemplo. Mas pode significar que estamos nos afastando do papel que nos atribuíram ou de ideais inflados demais. É preciso ter cuidado ao buscar a razão de nos sentirmos culpados.

Perdão feminino

Muito se fala a respeito de como o perdão salva as pessoas e de como ele é necessário. É importante, no entanto, entender todos os prismas do perdão e o contexto em que essa expectativa nasce. Nossa sociedade altamente patriarcal e religiosa prega que somente ao perdoar nossos malfeitores poderemos alcançar o reino dos céus.

As mulheres em especial são pressionadas a perdoar quem as machucou, a dar a outra face, e muitas vezes exercem essa pressão umas sobre as outras. A professora de psicologia Dee Graham, grande estudiosa da subjetivação feminina, afirma que logo cedo as mulheres aprendem a agradar a seus agressores, por medo, e a almejar que um homem as escolha (heterossexualidade compulsória) e as proteja da violência masculina como um todo, paradoxal como possa parecer. Ela diz ainda que mulheres controlam umas às outras sem estarem cientes desse medo, como que dizendo: "Perdoe, não provoque sua ira, pois todas nós seremos punidas se nos levantarmos contra eles".

Há um ganho secundário nisso, pois a mulher que pleiteia o perdão de um agressor homem pode ganhar migalhas de aceitação, um pouco de acesso ao poder e realizações, o que não garante que ela mesma não sofrerá abuso desse mesmo homem ou de outros. Mulheres são ensinadas a engrandecer qualquer pequeno ato de humanidade de homens, de agressores, na tentativa de não ser as próximas vítimas. Passam a ler o mundo pelo olhar deles, a internalizar sua narrativa, como diz Graham, como forma de prevenir problemas, de dar o que eles precisam antes de pedirem.

Mulheres controlam umas às outras porque elas mesmas não admitem "sair da linha" e coagem quem ousa pisar fora dela a voltar ao seu devido lugar com dogmas religiosos e chantagens emocionais, como: "É o único pai que você tem, e quando ele morrer vai sentir falta", "No fundo ele te ama", entre outros.

Componentes concreto e subjetivo do perdão

A questão é que o perdão tem um componente subjetivo e outro concreto. O componente subjetivo é o significado que damos a ele: podemos entendê-lo e significá-lo de múltiplas maneiras, todas muito próprias, como não deixar o ressentimento quanto ao que aconteceu paralisar nossa vida, entender de onde veio a motivação para a violência, o abuso ou a negligência, conseguir não sentir tanta raiva de si mesmo ou de quem nos feriu, e por aí vai.

Hannah Arendt, grande filósofa política, define perdão como o oposto de vingança e diz que apenas o perdão e a punição teriam o poder de parar uma atitude danosa, mas que podemos ter dificuldade de perdoar o que não pode ser punido e de punir o imperdoável. Entendo que, quando Arendt fala do perdão, está falando do seu componente concreto, prático, porque não podemos concretamente perdoar quem não pediu para ser perdoado, quem não conseguiu reconhecer o dano que causou e compreender os impactos desse dano no outro, tendo assim uma chance de parar de fazê-lo porque conseguiu aval para seguir em frente com outra atitude.

É bastante comum que as pessoas acreditem que só podem seguir adiante depois de perdoar o que aconteceu com elas na infância. O problema é que nem sempre os cuidadores estão dispostos ou aptos a reconhecer o dano que provocaram e seus impactos diretos e indiretos.

Segundo Arendt, o perdão é sempre dado a alguém, em geral alguém que amamos ou consideramos o bastante para nos importarmos e querermos retomar a relação em alguma medida, e diante disso vejo na prática a confusão: a ambivalência de achar que devemos, mas ao mesmo tempo não querermos, perdoar quem talvez já nem amemos ou consideremos mais.

O fato é que o perdão aos pais que causam danos é uma questão tabu, porque costumamos nos sentir impelidos pelo discurso religioso de que só pessoas boas perdoam e encontram o paraíso, enquanto quem não perdoa é mau e merece o inferno. Também há o discurso da superação, segundo o qual as pessoas que não perdoam seus agressores não conseguem superar suas vivências traumáticas nem conviver melhor com elas, em vez disso colocando o peso da própria dor em si, culpando-se porque ainda sofrem e porque não esqueceram, muitas vezes sem poder direcionar sua raiva (nem simbólica, nem concretamente) para quem as feriu.

Arendt afirma que é bom que não esqueçamos, porque assim podemos nos proteger de danos parecidos futuros e temos a chance de responsabilizar quem deve ser responsabilizado. Perdoar não significa esquecer, até porque isso pode nem ser possível.

Não tenho problemas em afirmar que nossa sociedade é pró-abuso, sobretudo quando isso envolve proteger patriarcas, homens "de bem", "membros da família tradicional" e, em muitos casos, "mães santas". É extremamente opressiva quando exige que as vítimas engulam suas dores e continuem sendo invalidadas e desconsideradas em seu sofrimento.

Do ponto de vista analítico, não necessitamos perdoar para lidar melhor com algo que nos aconteceu; cada um fará de seu limão uma limonada muito própria. Para isso, primeiro precisamos de uma pessoa (um ambiente) que nos ouça, acredite em nós, valide nossos sentimentos, nossa dificuldade e nossa dor, nos dê liberdade para narrar a história em primeira pessoa e nos ajude a entender que não fomos responsáveis pelo que fizeram a nós, mas somos responsáveis por como lidaremos com o que nos fizeram, para que aquela dor não seja mais o foco de nossa vida. Não só a raiva precisará ser experimentada e validada, mas também o luto por nossa infância, pelo ideal de pais que tínhamos em mente, pela relação parental que sonhávamos para nós. Pode haver barganha, fase em que questionamos por que aceitamos tanto e nos fizemos tão mal para deixar quem nos fez mal confortável. Podemos ter que lidar com culpa e raiva de nós mesmos, por sentir que nos deixamos machucar e não soubemos nos cuidar, pelo choque ou pela confusão de perceber que talvez ainda exista amor, infantil ou mesmo adulto, por quem nos abusou ou negligenciou tanto. São muitas camadas, e o processo é muito mais complexo do que se vende por aí. A esse processo tão próprio chamamos de elaboração, que pode ou não envolver o perdão a alguém.

Perdoar não é reconciliar

Perdoar, na esfera concreta, também não quer dizer reconciliar. A reconciliação acontece quando duas ou mais pessoas refletiram sobre os problemas e aceitaram tentar se relacionar mais uma vez com novos planos e novas formas de agir. Se o desejo de reconciliação é unilateral, ou seja, se não houve reflexão e mudança de quem estava causando danos, a pessoa que quer se reconciliar pode estar se colocando em perigo direto de voltar a sofrer abuso ou negligência. A reconciliação precisa acontecer nos termos de quem sofreu o abuso ou o dano, mas com a mudança real de atitude de quem o praticou. Conceitualmente, não há reconciliação possível com quem não reconhece o mal que causou e os impactos de suas ações.

A isenção da responsabilidade dos cuidadores

Muitas vezes, o perdão acaba sendo uma forma permissiva de se relacionar. Susan Forward afirma que isentar uma pessoa de responsabilidade não é o melhor a fazer, porque esse ato pode vir de uma negação: a vítima pode achar que, ao perdoar seu agressor, todos poderão fingir que nada aconteceu ou que aquilo que aconteceu não foi tão ruim. Esse perdão reprime muitas emoções difíceis e ambivalentes e destrói a capacidade de lidar com elas, pois como seria possível tomar conhecimento do rancor e dos sentimentos difíceis quanto a um familiar que já foi perdoado nesses termos?

A responsabilidade só pode ir para fora ou para dentro, ou seja, se não foi para o outro, virá para si, e isso pode acontecer para que a fantasia da família "curada" do comercial de margarina continue viva.

O perdão como consequência

As pessoas podem perdoar seus cuidadores, mas é melhor que isso seja consequência de uma varredura nas emoções e da atribuição de responsabilidade a eles, com uma boa resposta, e não de uma fantasia ou imposição social. Absolver unilateralmente não adianta, se eles continuarem com os comportamentos que fazem mal. É preciso fazer por merecer o perdão, diz Forward.

Não existe relação segura sem remorso e reparação. A segurança relacional é construída com base na preocupação com os sentimentos do outro, na validação das dores, na confiança mútua, na possibilidade de ver mudanças reais e reparações concretas acontecendo.

Nesse contexto, Forward aponta que é preciso deixar a casa dos pais também emocionalmente: a necessidade de aprovação paterna e materna é enorme nos filhos de pais que causam danos sérios. Em geral os filhos cedem para aplacar as exigências dos pais, ou brigam tentando mudá-los e até se afastam numa tentativa de provocar a mudança (e os pais continuam tendo controle sobre como os filhos se sentem ou se comportam). Nesse caso, o filho ainda acredita que é da sua alçada fazê-los felizes ou salvá-los. O ideal é que o afastamento seja feito para autoproteção, como forma de limite, não para mudar os pais.

Fizeram o melhor que puderam

Pessoalmente não gosto dessa narrativa relativa aos pais, ainda que já a tenha reproduzido algumas vezes no passado. Como dizer para uma mulher que foi abusada sexualmente pelo pai na infância que ele fez o melhor que podia? Como dizer para a adolescente que levava surras terríveis que sua mãe fez o melhor que podia? Como dizer para quem não teve o mínimo de respeito e consideração que esse foi o melhor que puderam fazer por ele?

Essa narrativa tenta minimizar a responsabilidade dos cuidadores pelo que fizeram e pelo que deixaram de fazer. E sim, podemos entender o que os levou a agir como agiram se assim desejarmos, mas sem precisar justificar isso dizendo que não podiam ter se comportado melhor.

Quando o melhor de um pai ou de uma mãe é muito ruim, essa narrativa diz para quem sofreu o dano que ele não tinha o direito de receber mais, que deve se conformar e entender os pais. No entanto, nem todos querem ou podem entender seus pais.

Dizer que eles fizeram o melhor, ou o possível, é também uma maneira de fazer a vítima se sentir culpada, pois, se os cuidadores não podiam agir de outra forma e ela ainda assim tem raiva, rancor e sentimentos difíceis, sobra a ela sentir a culpa que caberia aos responsáveis e poderia fazê-los mudar ou reparar seus erros.

Percebo que adultos que já têm filhos têm certo medo de responsabilizar seus pais, porque em alguma medida estão repassando muito da violência e da negligência que sofreram para seus próprios filhos e temem inconscientemente serem julgados e afastados por eles, ou seja, temem que haja o afastamento emocional que eles mesmos não conseguem fazer. Acredito que este não seja um bom motivo para não reconhecer a verdade.

Se puderem assumir que seus pais são falhos, esses filhos talvez possam olhar com mais cuidado para os resquícios de violência e negligência em si, ser mais abertos e verdadeiros consigo e até com os próprios filhos a respeito de tudo que viveram e criar uma parentalidade mais autoral. O problema nesse caso seria a negação, a ocultação do que realmente sentem numa tentativa de se proteger, porque sabemos que a mentira e a negação têm um poder devastador sobre as relações.

Ego fortalecido

Sabemos que, para reconhecer nossas feridas e nossa própria capacidade de ferir, precisamos estar minimamente integrados e, em alguma medida, fortalecidos. Os sentimentos de vergonha, culpa e medo (de perder as relações de apego) podem ser aterrorizadores, por isso muitos cuidadores ficam presos em defesas rudimentares, como a negação. Não é incomum que mães, quando questionadas pelos filhos, neguem todos os conflitos e as violências verbais que praticaram. Não é incomum que pais chamem as filhas de loucas quando elas tornam públicos os abusos que sofreram, negando situações evidentes.

Não é porque esses cuidadores não estão fortalecidos o suficiente para nomear e reparar seus erros que os filhos são obrigados a ajudá-los. Essa porta só abre pelo lado de dentro. Ninguém pode obrigar ninguém a assumir seus erros, a se desculpar, a se enlutar por tudo que fez. A negação aparece como mais uma forma de invalidar, calar e controlar, mas é nosso dever nos proteger de novas violências psicológicas.

Todos temos direito de recomeçar, mas para isso precisamos querer, e querer muito. Muitas pessoas machucam seriamente quem pensam amar, mas o amor se prova na maneira como lidamos com os machucados que causamos nos outros.

O desfecho ou a falta dele

É comum querermos que nossa história de abuso ou negligência tenha um desfecho, um fim, e muitos de nós vamos buscar esse desfecho justamente com quem nos machucou. Queremos que a pessoa entenda o que nos causou, perceba as consequências e valide nossas dores, muitas vezes brigando e fazendo uma aliança adoecida com ela para tentar obter justiça. Com frequência reconhecer o dano não será possível para quem o praticou.

Para isso, o abusador possivelmente teria que rever toda a sua identidade e sua forma de atuar no mundo, teria que reescrever a história que conta para si mesmo sobre os motivos de fazer o que faz, e muitas pessoas não têm esse estofo, essa capacidade emocional.

Diversas vítimas também ficam sem desfecho quando a pessoa que praticou os danos morre. Elas então sentem que terão que lidar sozinhas com toda a dor, sem poder receber validação e reconhecimento. Alguns passam a vida sonhando com um pedido de desculpas de quem já se foi.

Nos dois casos, a busca desse desfecho pode ser feita em outros lugares, com outras pessoas mais aptas a escutar e a validar experiências dolorosas. A fantasia de "família curada" pode ser apenas uma fantasia, e talvez o luto quanto a isso precise ser sentido.

De qualquer maneira, grande parte de "adultescer" é ter a chance de criar relações mais saudáveis, de se empenhar em mudar a dinâmica familiar e fabricar um jeito novo, próprio. Estamos intrinsecamente programados para nos conectar e para buscar o amadurecimento que pode ter ficado estagnado, mas quer muito acontecer. O machucado pode parar de latejar; a cicatriz fica e pode ser cuidada.

O desenlace é uma oportunidade de recomeço

Nenhuma relação é somente fácil, leve, gostosa e prazerosa, nem mesmo aquelas das quais escolhemos fazer parte. A insatisfação, o conflito e o ódio fazem parte de relações saudáveis. Quando isso não acontece, é porque uma das partes envolvidas deve estar se anulando em prol de outras, gerando uma relação asséptica, inautêntica e potencialmente perigosa.

A princípio, relações familiares não podem ser escolhidas na infância, mas isso por si só não é um problema, sobretudo quando os adultos e cuidadores têm a capacidade de se adaptar minimamente às necessidades da criança nos seus primeiros anos de vida.

O problema surge quando não temos poder de ação diante de situações adversas, então nos sentimos impelidos a aceitar, nos adequar, esperar, silenciar e recalcar para sobreviver. Quando apenas sobrevivemos, nossa luz interna fica escondida, submersa sob as pedras que precisamos erguer para nos proteger da dor.

Se na infância não pudemos efetivamente nos proteger do que nos aconteceu, na idade adulta esta se torna nossa responsabilidade; aliás, não somente a proteção, mas também o aprendizado de formas menos danosas de nos relacionarmos com os outros e com nós mesmos. À medida que crescemos e viramos adultos, nos tornamos responsáveis pelas dinâmicas que vivenciamos e internalizamos. Crescer é também amadurecer, mas nem sempre esses dois processos acontecem juntos.

Amadurecer é conseguir ir além de fases infantis, de dinâmicas pueris de profundo desamparo, e poder inventar novas e próprias maneiras de lidar com a vulnerabilidade, que nunca deixa de existir.

Ao reconhecer que somos vulneráveis podemos deixar de lado a capa de super-herói ou super-heroína, acessar nossas mais profundas confusões, tristezas, medos, ódios e decepções, nos assumir visceralmente humanos e falhos, e, na melhor das hipóteses, ser acolhidos nos momentos difíceis. Um processo analítico é capaz de nos fazer questionar as vozes ferozes que internalizamos, para que possamos nos tratar com mais compaixão, ao mesmo tempo que não paralisamos na posição de vítimas que não podem fazer nada a respeito do que viveram.

Quando podemos ser acolhidos e aceitos por alguém, conseguimos começar a ser vistos e aceitos por nós mesmos, e temos a chance de mudar as coisas. A partir dessa aceitação, podemos nos relacionar com menos dependência emocional, menos fuga, menos desamparo e mais confiança.

Para além do autoconhecimento, é importante focar no autocuidado. Inclusive, é bom não nos conhecermos por completo, para continuar buscando. A busca do ambiente bom, do "adultescimento" e do amadurecimento não acaba; não existe cura, porque a cura está exatamente na busca.

O amadurecimento é o resultado direto de nos recuperarmos da vivência em um ambiente adoecido e adoecedor, quando já conseguimos falar de nós mesmos de outra maneira, questionando os rótulos e a culpa que carregamos em nós e distribuindo as responsabilidades. Percebemos que estamos amadurecendo quando já não temos mais compaixão por nossos pais do que por nós mesmos; quando passamos a nos sentir seguros nas relações para nos arriscar mais e fazer coisas que antes não fazíamos; quando temos mais desejo de construir relações saudáveis; quando validamos, legitimamos e aceitamos em nós a angústia, o medo, a tristeza e a raiva sem nos julgar tanto, sem sentir que estamos errados por ter esses sentimentos; e quando conseguimos fazer a ligação dessas emoções com nossas vivências anteriores.

Amadurecemos quando começamos a perceber relações que não nutrem e que carregam em si dinâmicas tóxicas, que antes normalizávamos.

Não obstante, é essencial lembrar que não é porque amadurecemos que não vamos regredir. Na obra *Da pediatria à psicanálise*, Winnicott aponta que voltar a padrões anteriores de sofrimento pode ser saudável, na medida em que nos permite retroceder para depois avançar. O que seria de nós se não pudéssemos nos deitar em posição fetal, chorar no banho, fazer birra como uma criança (que ainda carregamos dentro de nós)?

Uma mensagem final

Todo livro, por ser fruto do amor e do desejo, também é uma aposta. Eu não sei como chegaram a você minhas palavras, meus escritos, minha forma de organizar o pensamento, meus questionamentos e minhas afirmações. Minha intenção foi dar espaço e visibilidade para quem sobreviveu à própria infância e não encontrou em nenhum lugar escuta, apoio e reconhecimento de suas dores. Entender a lógica por trás do que vivemos ajuda, e muito, a tirar o estigma do "só eu": só eu sofro, só eu estou sozinha e quebrada, só eu tenho uma família adoecida. Este livro não é só para você: também é para mim, é um ato de coragem colocar minhas ideias no papel e honrar tudo o que a menina que fui viveu. Muitas vezes, sozinha no quarto, essa menina só encontrou o papel como apoio e sustentação para sua dor.

Meu desejo é que encontremos tanto dentro quanto fora de nós condições favoráveis para que nosso desenvolvimento emocional continue a acontecer. Desejo que possamos viver com mais clareza, apoio e confiança.

Eu honro minha criança interna e a sua, honro nossas partes saudáveis e amadurecidas, honro os cuidadores que desejam se revisitar para propiciar relações mais verdadeiras e seguras, honro sua coragem de me ler até aqui e sua confiança no meu trabalho. No começo (e no fim), é sempre sobre nós.

Referências

ABREU, C. N. *Teoria do apego*: fundamentos, pesquisas e implicações clínicas. Belo Horizonte: Artesã Editora, 2019.

AINSWORTH, M. D. Attachments beyond infancy. *American Psychologist*, Washington, D.C., v. 44, n. 4, p. 709-716, abr. 1989.

ARENDT, H. *A condição humana*. Trad. Roberto Raposo. 13. ed. Rio de Janeiro: Forense Universitária, 2016.

ARIÈS, P. *História social da criança e da família*. Trad. Dora Flaksman. 2. ed. Rio de Janeiro: LTC, 2018.

BARROS, W.; ARCOVERDE, L. Brasil registrou mais de 100 mil crianças sem nome do pai só neste ano; são quase 500 por dia. *g1*, 13 ago. 2023. Disponível em: https://g1.globo.com/df/distrito-federal/noticia/2023/08/13/brasil-registrou-mais-de-100-mil-criancas-sem-o-nome-do-pai-so-neste-ano-sao-quase-500-por-dia.ghtml. Acesso em: 16 nov. 2023.

BEAUVOIR, S. *O segundo sexo*: fatos e mitos. Trad. Sérgio Milliet. 5. ed. Rio de Janeiro: Nova Fronteira, 2020. v. 1.

BEAUVOIR, S. *O segundo sexo*: a experiência vivida. Trad. Sérgio Milliet. 5. ed. Rio de Janeiro: Nova Fronteira, 2020. v. 2.

BENHAÏM, M. *Amor e ódio*: a ambivalência da mãe. Trad. Inesita Barcellos Machado. Rio de Janeiro: Companhia de Freud, 2007.

BETHELL, C.; JONES, J.; GOMBOJAV, N.; LINKENBACH, J.; SEGE, R. Positive Childhood Experiences and Adult Mental and Relational Health in a Statewide Sample: Associations Across Adverse Childhood Experiences Levels. *JAMA Pediatrics*, v. 173, n. 11, p. e193007, 2019. Disponível em: https://jamanetwork.com/journals/jamapediatrics/fullarticle/2749336. Acesso em: 14 out. 2023.

BOND, L. Mais da metade dos brasileiros já presenciou ato de racismo. *Agência Brasil*, 27 jul. 2023. Disponível em: https://agenciabrasil.ebc.com.br/direitos-humanos/noticia/2023-07/mais-da-metade-dos-brasileiros-presenciou-ato-de-racismo. Acesso em: 1º nov. 2023.

BOWLBY, J. *Apego*: a natureza do vínculo. Trad. Álvaro Cabral e Auriphebo Berrance Simões. 3. ed. São Paulo: Martins Editora, 2002. v. 1.

BOWLBY, J. *Formação e rompimento dos laços afetivos*. Trad. Álvaro Cabral. 5. ed. São Paulo: Martins Editora, 2015.

BUCHAREST EARLY INTERVENTION PROJECT. Disponível em: https://www.bucharestearlyinterventionproject.org/publications. Acesso em: 7 nov. 2023.

BUENO, S.; BOHNENBERGER, M.; MARTINS, J.; SOBRAL, I. A explosão da violência sexual no Brasil. *In*: FÓRUM BRASILEIRO DE SEGURANÇA PÚBLICA. *17º Anuário Brasileiro de Segurança Pública*. São Paulo: Fórum Brasileiro de Segurança Pública, p. 154-161, 2023. Disponível em: https://forumseguranca.org.br/

wp-content/uploads/2023/07/anuario-2023.pdf. Acesso em: 3 nov. 2023.

CALLIGARIS, C. *Cartas a um jovem terapeuta*: reflexões para psicoterapeutas, aspirantes e curiosos. 5. ed. São Paulo: Paidós, 2019.

DAVIS, A. *Mulheres, raça e classe*. Trad. Heci Regina Candiani. São Paulo: Boitempo, 2016.

DEPARTAMENTO INTERSINDICAL DE ESTATÍSTICA E ESTUDOS SOCIOECONÔMICOS (DIEESE). As dificuldades das mulheres chefes de família no mercado de trabalho. *Boletim Especial – Dia da Mulher – 8 de março de 2023*. Disponível em: https://www.dieese.org.br/boletimespecial/2023/mulheres2023/index.html?page=14. Acesso em: 13 nov. 2023.

DIAS, E. O. *A teoria do amadurecimento de D. W. Winnicott*. 4. ed. São Paulo: DWWeditorial, 2017.

DOWLING, C. *Complexo de Cinderela*. Trad. Amarylis Eugênia F. Miazzi. 3. ed. São Paulo: Melhoramentos, 2012.

DWORKIN, A. *Woman Hating*. Nova York: Plume, 1992.

ELEMENTOS. Direção: Peter Sohn. Produção de Pixar Animation Studios. Estados Unidos: Disney, 2023.

EVARISTO, C. *Poemas da recordação e outros movimentos*. Rio de Janeiro: Malê, 2017.

FEDERICI, S. *Calibã e a bruxa*: mulheres, corpo e acumulação primitiva. Trad. Coletivo Sycorax. São Paulo: Elefante, 2017.

FEDERICI, S. *O ponto zero da revolução*. Trad. Coletivo Sycorax. São Paulo: Elefante, 2019.

FEIJÓ, J. Diferenças de gênero no mercado de trabalho. *Portal FGV*, 8 mar. 2023. Disponível em: https://portal.fgv.br/artigos/diferencas-genero-mercado-trabalho. Acesso em: 13 nov. 2023.

FERENCZI, S. Adaptação da família à criança. *In*: FERENCZI, S. *Obras completas*: psicanálise. Trad. Álvaro Cabral. 2. ed. São Paulo: WMF Martins Fontes, 2011. v. 4.

FERENCZI, S. Análise de crianças com adultos. *In*: FERENCZI, S. *Obras completas*: psicanálise. Trad. Álvaro Cabral. 2. ed. São Paulo: WMF Martins Fontes, 2011. v. 4.

FERENCZI, S. Reflexões sobre o trauma. *In*: FERENCZI, S. *Obras completas*: psicanálise. Trad. Álvaro Cabral. 2. ed. São Paulo: WMF Martins Fontes, 2011. v. 4.

FERENCZI, S. Confusão de língua entre os adultos e a criança. *In*: FERENCZI, S. *Obras completas*: psicanálise. Trad. Álvaro Cabral. 2. ed. São Paulo: WMF Martins Fontes, 2011. v. 4.

FIRESTONE, S. *A dialética do sexo*: um estudo da revolução feminista. Trad. Vera Regina Rebelo Terra. Rio de Janeiro: Editorial Labor do Brasil, 1976.

FORWARD, S.; BUCK, C. *Pais tóxicos*: como superar a interferência sufocante e recuperar a liberdade de viver. Trad. Rose Nânie Pizzinga. Rio de Janeiro: Rocco, 1990.

FREIRE, P. *Pedagogia do oprimido*. 73. ed. Rio de Janeiro/São Paulo: Paz e Terra, 2019.

FREUD, A. *O ego e os mecanismos de defesa*. Trad. Álvaro Cabral. Rio de Janeiro: Biblioteca Universal Popular, 1968.

FREUD, S. Três ensaios sobre a teoria da sexualidade. *In*: FREUD, S. *Edição standard brasileira das obras completas de Sigmund Freud*. Trad. James Strachey. Rio de Janeiro: Imago, 1996. v. 8.

FREUD, S. Moral sexual "civilizada" e doença nervosa moderna. *In*: FREUD, S. *Edição standard brasileira das obras completas de Sigmund Freud*. Trad. James Strachey. Rio de Janeiro: Imago, 1996. v. 9.

FREUD, S. Romances familiares. *In*: FREUD, S. *Edição standard brasileira das obras completas de Sigmund Freud.* Trad. James Strachey. Rio de Janeiro: Imago, 1996. v. 9.

FREUD, S. Sobre o narcisismo: uma introdução. *In*: FREUD, S. *Edição standard brasileira das obras completas de Sigmund Freud.* Trad. James Strachey. Rio de Janeiro: Imago, 1996. v. 14.

FREUD, S. Alguns tipos de caráter encontrados no trabalho psicanalítico. *In*: FREUD, S. *Edição standard brasileira das obras completas de Sigmund Freud.* Trad. James Strachey. Rio de Janeiro: Imago, 1996. v. 14.

FREUD, S. Além do princípio do prazer. *In*: FREUD, S. *Edição standard brasileira das obras completas de Sigmund Freud.* Trad. James Strachey. Rio de Janeiro: Imago, 1996. v. 18.

FREUD, S. Psicologia de grupo e análise do ego. *In*: FREUD, S. *Edição standard brasileira das obras completas de Sigmund Freud.* Trad. James Strachey. Rio de Janeiro: Imago, 1996. v. 18.

FREUD, S. O ego e o id. *In*: FREUD, S. *Edição standard brasileira das obras completas de Sigmund Freud.* Trad. James Strachey. Rio de Janeiro: Imago, 1996. v. 19.

FREUD, S. O ego e o Superego (ideal de ego). *In*: FREUD, S. *Edição standard brasileira das obras completas de Sigmund Freud.* Trad. James Strachey. Rio de Janeiro: Imago, 1996. v. 19.

FREUD, S. A dissolução do complexo de édipo. *In*: FREUD, S. *Edição standard brasileira das obras completas de Sigmund Freud.* Trad. James Strachey. Rio de Janeiro: Imago, 1996. v. 19.

FREUD, S. Algumas consequências psíquicas da distinção anatômica entre os sexos. *In*: FREUD, S. *Edição standard brasileira das obras completas de Sigmund Freud.* Trad. James Strachey. Rio de Janeiro: Imago, 1996. v. 19.

FREUD, S. O mal-estar na civilização. *In*: FREUD, S. *Edição standard brasileira das obras completas de Sigmund Freud*. Trad. James Strachey. Rio de Janeiro: Imago, 1996. v. 21.

FULGENCIO, Leopoldo. A noção de trauma em Freud e Winnicott. *Natureza Humana*, São Paulo, v. 6, n. 2, p. 255-270, dez. 2004. Disponível em: http://pepsic.bvsalud.org/scielo.php?script=sci_arttext&pid=S1517-24302004000200003&lng=pt&nrm=iso. Acesso em: 14 out. 2023.

GIBSON, L. C. *Adult Children of Emotionally Immature Parents*: How to Heal from Difficult, Rejecting, or Self-Involved Parents. Oakland, EUA: Raincoast Books, 2015.

GONZALEZ, L. *Por um feminismo afro-latino-americano*. Flavia Rios e Marcia Lima (org.). Rio de Janeiro: Zahar, 2020.

GRAHAM, D. L. R. *Amar para sobreviver*: mulheres e a síndrome de Estocolmo social. Trad. Mariana Coimbra. São Paulo: Cassandra, 2021.

HILST, H. *Cantares*. São Paulo: Globo, 2004.

hooks, b. Vivendo de amor. Trad. Maísa Mendonça. *Portal Geledés*, 9 mar. 2010. Disponível em: https://www.geledes.org.br/vivendo-de-amor/. Acesso em: 14 out. 2023.

hooks, b. *Tudo sobre o amor*: novas perspectivas. Trad. Stephanie Borges. São Paulo: Elefante, 2021.

INSTITUTO BRASILEIRO DE GEOGRAFIA E ESTATÍSTICA (IBGE). Registro Civil 2010: Número de divórcios é o maior desde 1984. *Agência IBGE*, 30 nov. 2011. Disponível em: https://agenciadenoticias.ibge.gov.br/agencia-sala-de-imprensa/2013-agencia-de-noticias/releases/14134-asi-registro-civil-2010-numero-de-divorcios-e-o-maior-desde-1984. Acesso em: 16 nov. 2023.

JESUS, C. M. de. *Carolina Maria de Jesus* – Antologia pessoal. José Carlos Sebe Bom Meihy (org.). Revisão de Armando Freitas Filho. Rio de Janeiro: Editora da UFRJ, 1996.

KLEIN, M. *Inveja e gratidão e outros trabalhos (1946-1963)*. Trad. Belinda H. Mandelbaum, Maria Elena Salles de Brito, Octávio L. de Barros Salles, Maria Tereza B. Marcondes Godoy, Viviana S. S. Starzynski e Wellington Marcos de Melo Dantas. Rio de Janeiro: Imago, 1991.

LERNER, G. *A criação do patriarcado*: história da opressão das mulheres pelos homens. Trad. Luiza Sellera. São Paulo: Cultrix, 2019.

LEVINE, P.; KLINE, M. *Trauma-Proofing Your Kids*: A Parent's Guide for Instilling Confidence, Joy and Resilience. Berkley, EUA: North Atlantic Books, 2008.

LISPECTOR, C.; MONTERO, T. (org.). *Correspondências*. Rio de Janeiro: Rocco, 2002. (Trecho de carta escrita a Tania Kaufmann, em 6 de janeiro de 1948.)

LOBO, S. *Mães que fazem mal*. São Paulo: Passavento, 2018.

LORDE, A. *Irmã outsider*: ensaios e conferências. Trad. Stephanie Borges. Belo Horizonte: Autêntica, 2019.

MAIN, M. The Organized Categories of Infant, Child, and Adult Attachment: Flexible Vs. Inflexible Attention Under Attachment-Related Stress. *Journal of the American Psychoanalytic Association*, Nova York, v. 48, n. 4, p. 1055-1096, ago. 2000. Disponível em: https://doi.org/10.1177/00030651000480041801. Acesso em: 14 out. 2023.

MATÉ, G.; NEUFELD, G. *Pais ocupados, filhos distantes*: investindo no relacionamento. Trad. Ana Paula Corradini. São Paulo: Melhoramentos, 2006.

McDOUGALL, J. *Teatros do corpo*: o psicossoma em psicanálise. Trad. Pedro Henrique Bernardes Rondon. 3. ed. São Paulo: WMF Martins Fontes, 2013.

MELLO, R.; FÉRES-CARNEIRO, T.; MACHADO, R. N.; MAGALHÃES, A. S. Inversão geracional na família: repercussões da parentalização na vida adulta. *Psicologia USP*, São Paulo, v. 31, p. e190126, 2020.

MINUCHIN, S. *Famílias*: funcionamento & tratamento. Porto Alegre: Artes Médicas, 1982.

MORENO, M. M. A.; COELHO JUNIOR, N. E. Trauma, uma falha no cuidar?: diálogo entre Ferenczi e Winnicott. *Psicologia USP*, São Paulo, v. 23, n. 4, p. 707-719, set. 2012.

MOURA, B. de F. PNAD: mulheres gastam quase o dobro de tempo no serviço doméstico. *Agência Brasil*, 11 ago. 2023. Disponível em: https://agenciabrasil.ebc.com.br/geral/noticia/2023-08/pnad-mulheres-gastam-quase-o-dobro-de-tempo-no-servico-domestico. Acesso em: 13 nov. 2023.

NASIO, J.-D. *Por que repetimos os mesmos erros*. Trad. André Telles. 2. ed. Rio de Janeiro: Zahar, 2013.

PEREIRA DE OLIVEIRA, M. Melanie Klein e as fantasias inconscientes. *Winnicott E-prints*, São Paulo, v. 2, n. 2, p. 1-19, 2007. Disponível em: http://pepsic.bvsalud.org/scielo.php?script=sci_arttext&pid=S1679-432X2007000200005&lng=pt&nrm=iso. Acesso em: 14 out. 2023.

PHILLIPS, A. *Winnicott*. Trad. Alessandra Siedschlag. São Paulo: Ideias & Letras, 2006.

PRADO, A. *Poesia reunida*. São Paulo: Siciliano, 1991.

RICH, A. *Heterossexualidade compulsória e existência lésbica & outros ensaios*. Trad. Angélica Freitas e Daniel Lühmann. Rio de Janeiro: A Bolha Editora, 2019.

REZENDE ENGELBERG DE MORAES, A. A. A defesa do falso si-mesmo e os estados depressivos. *Winnicott E-prints*, São Paulo, v. 5, n. 1, p. 1-16, 2010. Disponível em: http://pepsic.bvsalud.org/scielo.php?script=sci_arttext&pid=S1679-432X2010000100002&lng=pt&nrm=iso. Acesso em: 14 out. 2023.

SCHOR, D. *Heranças invisíveis do abandono afetivo*. São Paulo: Blucher, 2017.

SOLER, C. *De um trauma ao outro*. Trad. Cícero Alberto de Andrade Oliveira. São Paulo: Blucher, 2021.

SOUZA, N. S. *Tornar-se negro*. Rio de Janeiro: Zahar, 2021.

TELLES, L. F. *Ciranda de pedra*. São Paulo: Companhia das Letras, 1954.

TOLEDO, C. Casamento infantil, um drama que persiste na América Latina. *g1*, 26 fev. 2023. Disponível em: https://g1.globo.com/mundo/noticia/2023/02/26/casamento-infantil-um-drama-que-persiste-na-america-latina.ghtml. Acesso em: 3 nov. 2023.

TSABARY, S. *Pais e mães conscientes*. Trad. Talita Rodrigues. Rio de Janeiro: Bicicleta Amarela, 2017.

UNIVERSITY OF TEXAS AT AUSTIN. Risks of Harm From Spanking Confirmed by Analysis of 5 Decades of Research. *Science Daily*, 25 abr. 2016. Disponível em: www.sciencedaily.com/releases/2016/04/160425143106.htm. Acesso em: 14 out. 2023.

van der KOLK, B. *O corpo guarda as marcas*: cérebro, mente e corpo na cura do trauma. Trad. Donaldson M. Garschagen. Rio de Janeiro: Sextante, 2020.

WEGSCHEIDER-CRUSE, S. *Another Chance*: Hope and Health for the Alcoholic Family. Palo Alto, EUA: Science & Behavior Books, 1989.

WINNICOTT, D. W. *A família e o desenvolvimento do indivíduo*. Trad. Marcelo Brandão Cipolla. Belo Horizonte: Interlivros, 1980.

WINNICOTT, D. W. *Holding e interpretação*. Trad. Sonia Maria Tavares Monteiro de Barros. 3. ed. São Paulo: WMF Martins Fontes, 2010.

WINNICOTT, D. W. *Os bebês e suas mães*. Trad. Jefferson Luiz Camargo. 4. ed. São Paulo: WMF Martins Fontes, 2012.

WINNICOTT, D. W. *Privação e delinquência*. Trad. Álvaro Cabral. 5. ed. São Paulo: WMF Martins Fontes, 2012.

WINNICOTT, D. W. *A criança e o seu mundo*. Trad. Álvaro Cabral. 6. ed. Rio de Janeiro: LTC, 2017.

WINNICOTT, D. W. *O gesto espontâneo*. Trad. Luís Carlos Borges. 3. ed. São Paulo: WMF Martins Fontes, 2017.

WINNICOTT, D. W. *O brincar e a realidade*. Trad. Breno Longhi. 2. ed. São Paulo: Ubu, 2019.

WINNICOTT, D. W. *Tudo começa em casa*. Trad. Paulo César Sandler. São Paulo: Ubu, 2021.

WINNICOTT, D. W. *Da pediatria à psicanálise*. Trad. Davy Bogomoletz. São Paulo: Ubu, 2022.

WINNICOTT, D. W. *Processos de amadurecimento e ambiente facilitador*. Trad. Irineo Constantino Schuch Ortiz. São Paulo: Ubu, 2022.

WOLF, N. *O mito da beleza*: como as imagens de beleza são usadas contra as mulheres. Trad. Waldéa Barcellos. 10. ed. Rio de Janeiro: Rosa dos Tempos, 2020.

ZALCBERG, M. *A relação mãe e filha*. 7. ed. Rio de Janeiro: Campus, 2003.

ZANELLO, V. *Saúde mental, gênero e dispositivos*: cultura e processos de subjetivação. Curitiba: Appris, 2018.

**Acreditamos
nos livros**

Este livro foi composto em Sole Serif e Rig Sans e
impresso pela Gráfica Santa Marta para a
Editora Planeta do Brasil em fevereiro de 2024.